こころを整える

しあわせレシピ

バイブル×心理学

エッセイ　渡邊 義・奈都子
マンガ　のだますみ

Forest Books

はじめに

二十一世紀は、心の時代といわれています。このことばを象徴するように心理学の分野で新しい潮流が起こりました。それは、しあわせに関する研究が活発に行われ始めたことです。従来の心理学は、心の病理を探求することが中心でした。そうした研究によって心の問題解決が試みられてきましたが、一方で人々のしあわせの増進に関する研究は、あまり行われてきませんでした。

一九九八年、当時アメリカ心理学会の会長であったマーティン・セリグマンが、それまでの心理学の社会貢献のあり方を見直して、しあわせに関する科学的な研究を行い、人々のしあわせに貢献していくことを提言しました。これによって、ポジティブ心理学という新しい分野が生まれ、多くの研究者が参画するようになりました。

それから二十年ほどが経ち、それまで抽象的でとらえどころのなかったしあわせに関してさまざまなことがわかってきました。たとえば、ハーバード大学が一九八三年から二百六十八人の卒業生を対象に追跡研究した「Grant Study」では、温かな人間関係をもっていることと幸福感には強い相関があることが報告されています。また、心理学者のダニエル・ネトルは『目からウロコの幸福学』（オープンナレッジ）の中で、地位や名誉やお金など人と比較して得られる快適感情は、短期的な快感はもたらすものの持続的なしあわせはもたらさず、健康や自由や愛情など人と比較することなく得られる快適感情は、持続的な幸福感をもたらすことについて論じています。このようにしあわせに関する具体的な知見は、次から次へと明らかになってきています。

本書の目的は、こうしたしあわせに関する知見を活かして、自らのしあわせを自らの手で創り出せる人が増えることです。しあわせな人が増えれば、しあわせな家族が増えます。しあわせな家族が増えれば、しあわせな社会が構成されるようになるでしょう。そして、しあわせな社会が構成されれば、平和な世の中になっていくと考えられます。

しあわせには、主に三つの領域があると考えられます。心と身体と社会という領域です。これは、ＷＨＯ（世界保健機関）憲章の前文の健康の定義にも見ることができます。その定義とは、次のようなものです。「健康とは、病気ではないとか、弱っていないということではなく、肉体的にも、精神的にも、そして社会的にも、すべてが満たされた状態にあること」（日本ＷＨＯ協会訳）。このような状態をウェルビーイングと呼び、最近では特にしあわせを表すことばとして広まり始めています。

本書では、心理学に限らず学際的にウェルビーイングに関する話題を提供しています。また聖書《バイブル》のことばも数多く引用しています。これは宗教的な意味合いではなく、長きにわたって世界中の人々に読み継がれている歴史的文献の知恵を得るという理由で、ウェルビーイングに関することばを選びました。

本書には三人の人物が登場し、それぞれが日常生活の中でさまざまな葛藤を経験し、人間関係で悩み、つまずきながら自分自身と向き合う姿をマンガ形式で紹介していきます。そうした日常の中で、あるブログ記事に出合い、そこから何かを学び取って、自分なりのしあわせを創り出そうと努力していくストーリーが描かれています。

しあわせの形は、一人ひとり異なるものかもしれません。しかし、しあわせを創り出すうえで共通するものがあります。そうした知見に触れて変化していく三人のストーリーが、読んでくださったお一人おひとりのしあわせ創りの一助になればうれしく思います。

二〇一七年十一月

渡邊　義

目　次

はじめに　渡邊義　3

プロローグ　9

A子のしあわせレシピ　19

恵みを数えて　26

弱さを感じるときには　38

怒るに遅く　50

共に喜び共に泣く　62

B奈のしあわせレシピ　71

もっているものを　78

受けるよりも　90

我慢ではなく　102

支えられた人の歩み　114

C美のしあわせレシピ　123
今を大切に生きる　130
休息を意識する　142
つながる　154
喜び、楽しめ　166
エピローグ　175
ゆだねる　183
おわりに　渡邊奈都子　189

プロローグ

これから
カタタンコトーン
三人の女性を紹介します
Family St
一人めはこの女性
ではなく
おはよう!
ポン
あ…
この女性
おはようございます
A子(OL)

どう？
仕事慣れてきた？
はい
もうすっかり
……
お昼休み
私ね今こんなの見てるのよ
ツイッターですか？
なんかねこう…
肩の力が抜けるっていうかね

肩の力…
うん
夕方
カタン
姉さん
来たよー
いらっしゃい
お疲れのとこ
ごめんね
あれ!
おかえりー
おばちゃん来てたんだー
そしてこの女性が二人め
B奈（学生）

ホラ！
短大生にお土産！
わーここのチーズケーキ最高！
キャンパスライフ楽しんでる？
う〜〜…ん
ナニソレ！
まぁ
……
そんなに行きたかったトコロじゃないし仕方ないかなって
今ね
はまってるインスタあるんだ
おばちゃんインスタするんだ

ちょっと
いいのよコレ
のぞいてみ
ふーん
あれ
ご飯
食べてかな
いの?!
自治会の
寄り合いが
あってさ
ご飯は そこで
でるから
悪かったねぇ
○野町
自治会
…で
ありまして
来月の
町内清掃は…
バタバタバタバタ
遅れて
すみませんっ!!
三人めは
この女性
C美（主婦）

しかし
ガラガラガラガラ
し〜
しずかに!!
すっ
すみません
さらに
もうつかれた〜
つまんな〜い
もう少し
だから…
ね!!
ガマンして
すみません
ぐったり…
かえろーよー
お子さん
まだ小さいんだし
大変な時は
お休みしても
いいと思いますよ
でも…
次の
自治会も
ムリしないで
くださいね
私からも
会長に話して
おきますよ
本当
ですか?!
ありがとう
ございます!!

こうして…
A子
B奈
C美は
「しあわせレシピ」に
出合いました
この
ストーリーの
キーウーマン
ん？
D江さん
でした

A子の
しあわせレシピ

A子
OL 独身
一人暮らし
ちょっぴり負けず嫌い

A子

STORY 1

BEFORE she met
the Shiawase Recipi

あ、彼女は同期のK崎さん
おはよー
A子さんおはよー
従業員全部合わせて四十人ほど
人間関係も落ち着いているし
カタ
カタ
カタ
カタ
すごくお給料がいいというわけではないけど
まぁこんなもんかなと思ってる
カタ
カタ
カタ
カタ
カタ
そんなある日
プァーン
AM8:36 ツイート
「朝から
ブルー」
ツイート
A子
@_098765432
朝からブルー

A子

STORY 1

BEFORE she met the Shiawase Recipi

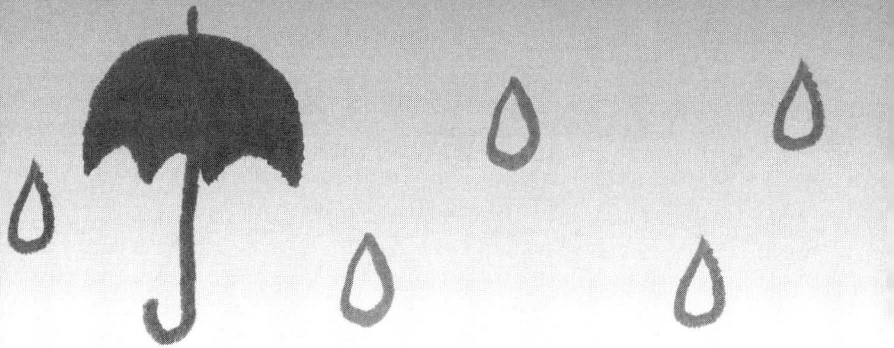

ガーーーン
そ…
うそ〜〜
そんな〜
PM0:09 ツイート
「目の前で奪取された…(T△T)」
A子
@_098765432
目の前で奪取された…(T△T)
コッ
コッ
お母さんからの荷物
十九時〜二十一時に
届くのに

A子
STORY 1
BEFORE she met the Shiawase Recipi

今日は残業ないと思ってたのに〜
課長めー
これやっといて
宅配便屋さんもう来ちゃったかな…
ハッ
うちのアパートの前にトラックが…
待って〜
ダッシュ
カッ
カッ
あっ…
バンッ

そ…
ブロロロ…
そんな…
ゼー
ゼー
ヒールで
走るもんじゃないわ…
PM9:15 ツイート
「あ゛～ ついてない
あんなに走ったのに
サイテー（-_-+）」
ぐでーん
そういえば…
なんだっけな
「しあわせ…」
あれ見てみよ

Essay for A子
恵みを数えて

あなたは一日の終わりにどんなことを考えて眠りにつきますか？
「今より○○だったら、もっといい人生だったのに……」
「△△になれたら、今よりしあわせになれるのに……」
「なんで私は昔から運が悪いんだろう……」
そんなふうに変えられない出来事に思いを馳せたり、自分に足りないものを数えたり、嫌な記憶を引っ張り出したりすることでその日を終えてはいないでしょうか？
GOOD & NEWというエクササイズがあります。クッシュボールをパスしながら二十四時間以内に起こった「良かったことや新しく発見したこと」を分かち合って組織やクラスを活性化させるワークです。研修会やミーティングの前にこのエクササイズを行うと、はじめはちょっと緊張しつつも、次第に皆さんが笑顔になり、なんとも楽しそうな雰囲気が生まれていきます。
私たちの心の引き出しには、肯定的なものと否定的なものが雑多にしまい込まれています。その中から、肯定的なものを引き出した場合と否定的なものを引き出した場合では、気分に大きな違いが現れます。「良かったこと」や「新しい発見」を意識的に取り出す作業は、私たちの心を上向きにしてくれます。

しかし、カウンセリングの仕事をしていると、GOOD & NEWではなくBAD & OLDを心の引き出しから引っ張り出して、じっと眺めている人たちに出会います。つらいことや腹が立ったことは、そう簡単に忘れられるものではないでしょう。でも、事あるごとにそれらを思い出し、過ぎた過去を繰り返し口にしていたら、しあわせになるどころか、穏やかな気持ちで過ごすことも困難です。そしてそれは、今すでにもっているしあわせさえも目減りさせてしまっているかもしれません。

二〇〇〇年頃から注目されているポジティブ心理学という学問領域があります。ポジティブ心理学は、どのようなことが人々のしあわせに関係しているのかを科学的に研究する心理学です。

ポジティブ心理学の創始者の一人、マーティン・セリグマン博士が検証した方法の一つに、「三つの良いこと（3 Good Things）」という取り組みがあります。毎日寝る前にその日経験した良かったことを三つ書き出して、その理由（その出来事はなぜ起きたのか）もいっしょに書いておく、というシンプルな方法です。たとえば、「お花屋さんのお姉さんが一本おまけしてくれた」（理由・いつもあいさつしているから覚えてくれていた）、「残業かなと思っていたけど定時に帰れた」（理由・突然頼まれる仕事がいつもより少なくて昼間の時間が効率的に使えた）、「ずっと探していた良い物件が見つかった」（理由・探していることを知っていた人が紹介してくれた）……というような感じです。セリグマン博士の実験では、これを一週間続けることで、対象者のうつ症状を表す得点が三〇％減少し、その効果はその後六ヶ月間継続したということが報告されています。

聖書には「いつも喜んでいなさい。絶えず祈りなさい。すべてのことにおいて感謝しなさい」（テサロニケ人への手紙第一、五章一六〜一八節）と書かれています。もし、一日の終わりに、自分に与えられている豊かな出来事に意識を向ける選択をすれば、しあわせに満たされた日々が送れるように心は整えられていくでしょう。日々の出来事の中に埋もれている感謝な出来事を拾い上げることで、自らしあわせを増やすことができるのです。

Shiawase Points

◆今回のポイント◆

・寝る前に「三つの良かったこと」を思い出すと、しあわせアンテナの感度が高くなる。
・自分が得ているものに気づいて感謝すると、心が整って健やかになる。

PM10:16 ツイート
「今日あった
いいこと」
「その１　朝カラスが
ゴミ捨て場荒らして大
変なことになってた」
カー
カー
誰 ちゃんと閉めなかったの!
いや〜
キャ〜〜
カー
カー
「だけど帰ったら
すっかりキレイに
なってた」
あれ!
「大家さんが
してくれた
んだな」
やれやれ
「うちのアパートは
大家さんがいつも
きれいにしてて
くれる☆　感謝☆」

AFTER she met
the Shiawase Recipi

STORY 1

A子

A子

STORY 1

AFTER she met the Shiawase Recipi

A子へ
A子の好きな塩昆布
入れておいたよ
体に気をつけてね
A子へ
A子の好きな塩コンブ入れ
ておいたよ。
体に気をつけてね。
母より
お母さん
ありがとう…
じーん
「その3」
お昼休み
ん？
サ…
サーモン
デニッシュ?!
ツイッター
見たよ☆
D江さんっ

A子

STORY 1

AFTER she met the Shiawase Recipi

いつも喜んでいなさい。

絶えず祈りなさい。

すべてのことにおいて感謝しなさい。

テサロニケ人への手紙第1、5:16-18

A子

STORY 2

BEFORE she met the Shiawase Recipi

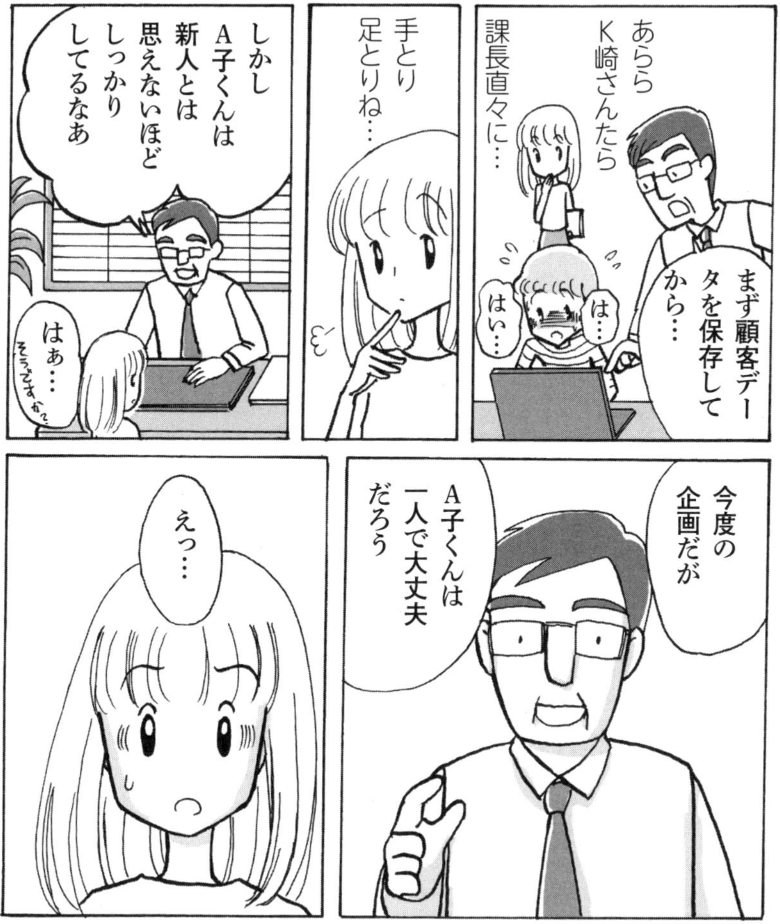
あらら
K崎さんたら
課長直々に…
まず顧客データを保存してから…
は…
はい…
手とり
足とりね…
しかし
A子くんは
新人とは
思えないほど
しっかり
してるなあ
はぁ…
そうですか
今度の
企画だが
A子くんは
一人で大丈夫
だろう
えっ…

A子

STORY 2

BEFORE she met the Shiawase Recipi

A子さん
今度の企画チームじゃないんだってね一人で大丈夫?
あ…
だ…大丈夫です
何とかやってみます
さすがね!
がんばって!
言えなかった…

Essay for A子

弱さを感じるときには

周囲の人たちに弱い自分を知られたくない……。

そんな思いから、がんばって背伸びをしたり、作り笑いをしたりして、自分を繕った経験のある人は多いのではないでしょうか。

不安・恐怖・焦り・罪悪感・屈辱感・劣等感……。できることなら自分の中からなくなってほしいと思うようなネガティブな感情は、喜びや充実感や感謝といったポジティブなもの以上に目についたり、気になったりするものです。

人は誰でも弱さをもっています。しかし、自分の弱さと向き合うのは、あまり気分の良いことではありません。「体裁」という仮面を外して、自分の欠けている点や足りていないこと、本来もっている傷つきやすさに光を当てることは、とても勇気のいることだからです。けれど、それは同時に、ありのままの自分と出会う瞬間でもあり、私たちの成長に大きな価値をもたらすことになります。

健康心理学では、自分の内的および外的なリスクを認識することで、それらに対処できる健康法が実践される可能性が著しく高くなることがわかっています。たとえば、季節の変わりに目に風邪をひきやすい人や花粉症の人が、自分にとってのリスクがわかっていることで自らの健康を維持するために事前に対処するというようなことです。

また、ヒューストン大学ソーシャルワーク大学院研究教授のブレネー・ブラウン博士は、私たちが真に強く生きるためには、「ヴァルネラビリティ」という心の傷つきやすさに関する概念が重要であると述べています。「ヴァルネラビリティ」とは、傷つきやすいこと、弱さ、脆弱《ぜいじゃく》性を表すことばです。これをブラウン博士は「不確実性、リスク、生身をさらすこと」と定義しており、自分の弱さに向き合い生身をさらす勇気をもつことで人は変わり、少しずつ強くなれるのだと説明しています。

たとえば、誰かを誘ったときに断られるのではないか、失敗したら取り返しがつかないことになるのではないか、自分の考えを口にすると人から批判されるのではないか、などの恐れや不安を感じるときは、自分の心の脆《もろ》さや弱さと向き合う場面といえます。その弱さは、誰にも悟られないように心の奥にしまい込んでおきたくなるかもしれません。しかし、よくよく考えてみるならば、私たちはそのような脆さや弱さを備えているからこそ、現実から学び、知恵を探り、人と協力し、苦難や逆境に立ち向かおうとするのではないでしょうか。そうすることで私たちは、強くしなやかに生きる術を身につけることができていくのではないかと思います。弱さや脆さを誤魔化そうとしたり、封印してしまおうとしたりするよりも、そんな自分を受け入れ、認めることで、新たな成長が与えられます。

ありのままの私たちは、弱さや脆さや傷つきやすさをもっています。恐れや不安を感じることは当然のことです。聖書には「恐れるな。わたしはあなたとともにいる。たじろぐな。わたしがあなたの神だから。わたしはあなたを強くし、あなたを助け、わたしの義の右の手で、あなたを守る」（イザヤ書四一章一〇節）と書かれています。私たちは誰もが不完全なものですが、完全な方である神が私たちの弱さや傷つきやすさを補い、支えてくださると聖書は語ります。私たちが自分の弱さを感じたときには、そんな恵みに触れるチャンスです。自分自身に完全であることや完璧であることを要求するのではなく、人間としての不完全さを認め、弱さを受け入れれば、偽りの自分を演じなくてすむようになります。そうすれば、謙虚になることができ、周囲の援助も受けやすくなるでしょう。このような態度こそ、人生を生きていくための本当の強さを養うことになるのだと思います。

Shiawase Points

◆今回のポイント◆

・弱さを感じたときは、ありのままの自分と向き合うチャンス。

・弱さを受け入れ、そこから学ぶことでしなやかさが身につく。

どうしよう
企画早く
進めなきゃ
お疲れ〜
ガチャ
あせ
えっと…
あせ
企画のゴールが見えてきたわぁ
よかった〜
いいよね…
チームでできて
私は誰も助けてくれない
違う
私が強いフリしてるからだ
A子さんの進み具合はどう?

AFTER she met
the Shiawase Recipi

STORY 2

A子

A子
STORY 2
AFTER she met the Shiawase Recipi

課長!
うん?
私たち四人を
二つのチームにしてもらいたいんです
?!
えっ?! 何を今さら
A子くん 君の企画だいぶ形になってきてるんだろう?!
それが…
全然はかどってないんです
私一人ではムリです
チームでさせてください

A子

STORY 2

AFTER she met the Shiawase Recipi

恐れるな。わたしはあなたとともにいる。
たじろぐな。わたしがあなたの神だから。
わたしはあなたを強くし、あなたを助け、
わたしの義の右の手で、あなたを守る。

イザヤ書 41:10

A子

STORY 3

BEFORE she met the Shiawase Recipi

Essay for A子

怒るに遅く

思いどおりにならない状況に苛立ち、腹を立て、思わず怒りを爆発させてしまって後悔した……。後で思い出すと、ちょっと胸苦しい気分になるような経験はあるでしょうか？

本当は穏やかな気持ちで過ごしたい、大切な家族や職場の仲間とうまくやっていきたいと思っているのに、カチンときた次の瞬間、相手を責めるようなことばや態度が、まるで無意識かのように口から飛び出してしまう。子どもがふざけてジュースをこぼした瞬間、「何やってるの！」と声を荒げたり、頼んでおいたゴミ出しを夫が忘れたことを嫌みっぽくなじったり、失敗した部下を前にわざとらしくため息をついて眉間にシワを寄せてみたりする。そんな対応をしてしまったことはないでしょうか？

私たちが怒りをあらわにするとき、その背後には、相手を自分の思うように正したいという気持ちが隠されているようです。そうした思いが「怒り」という形で表されると、後味の悪い気まずさや緊張感を生み出し、次第に人間関係を悪化させていきます。

ピタゴラスは「怒りは無謀をもって始まり、後悔をもって終わる」ということばを残したと言われています。また聖書には「私の愛する兄弟たち、このことをわきまえていなさい。人はだれでも、聞くのに早く、語るのに遅く、怒るのに遅くありなさい」（ヤコブの手紙一章一九節）と書かれています。私たちがしあわせに生きるためには、怒りの制御を学ぶことが重要なようです。
一九七〇年代以降、アンガーマネジメントという心理教育がアメリカで注目され始め、この数年は日本の教育現場や企業のマネジメントの領域でも広がっています。「キレて」取り返しのつかない事故を起こしたり、「ムカついた」という理由で関係のない人を傷つけたりするような事件が、あちらこちらで聞かれるようになったためです。ストレスの多い現代において、怒りの制御法を学ぶことは重要な課題となっています。
アンガーマネジメントでは、怒りの感情のピークは最大でも六秒程度であり、この六秒間をどうやり過ごすかというテクニックを教えています。「カチン」「イラッ」としてから六秒以内に発することばや態度は、とかく感情的な言動になりやすいからです。
何もしない六秒というのはとても長く感じます。ですから、あらかじめその時間をどう使うのかということを決めておくというのがテクニックです。カチンときたら、まずは深呼吸をすること、頭の中で（実際に指を動かしてもいい）数を数えること、席を立つこと、手を洗うこと、目の前にある物に注目する（文字を黙読する、大きさを測る）こと、手のひらに怒りの理由を書くこと、怒りの度合いをスケーリングする（自分なりに怒りの強さを数字で表す）こと、そして自分が大切にしている座右の銘など好きなことばを唱えること、等々、自分の怒りを暴発させないために、できそうなことはたくさんあります。
一度口にしてしまったことばは、どんなに慌てても口の中に押し戻すことはできません。怒りに任せて放った矢は、相手に想像以上の傷を負わせ、憎しみという矢となって返ってくる可能性が高いものです。そして、自分の心にも後悔や罪悪感といった痛手を負うことは少なくありません。
聖書には「だれでも、聞くのに早く、語るのに遅く、怒るのに遅くありなさい」（ヤコブの手紙一章一九節）と書かれています。怒りの感情はなくすことはできなくとも、怒りを制御する方法を身につけることで自らを見失うことなく、しなやかに生きていくことができるようになるのだと思います。

Shiawase Points

◆今回のポイント◆
・「カチン」ときたり、「イラッ」としたりしたときの六秒に気をつけよう。
・怒りの感情の背後には、相手を自分の思うように正したいという気持ちが隠されている。

AFTER she met
the Shiawase Recipi

STORY 3

A子

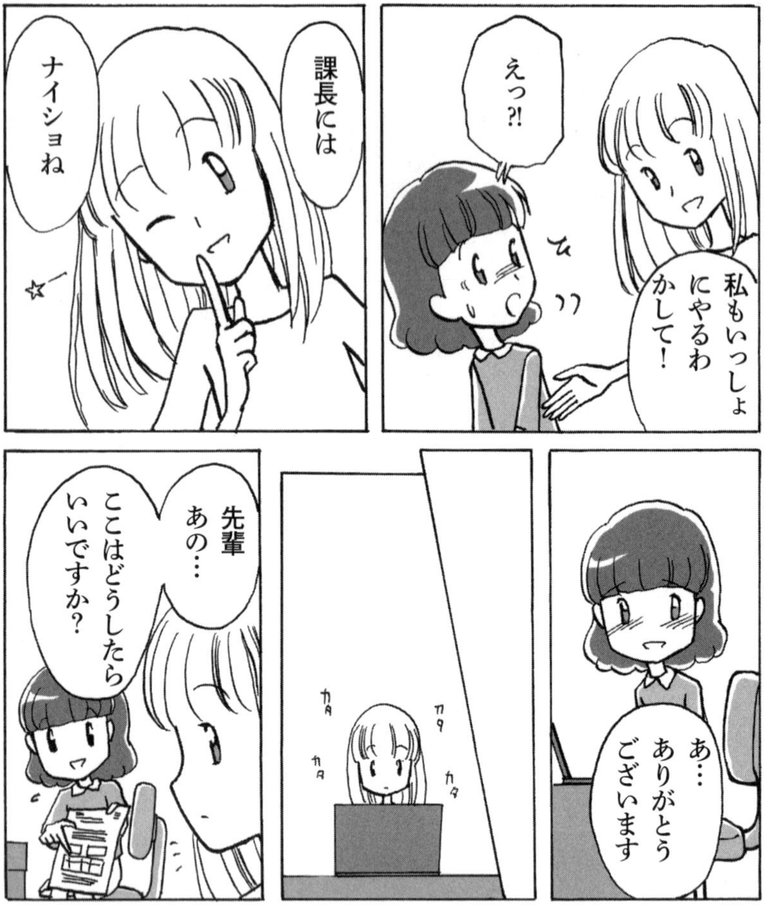

A子

STORY 3

AFTER she met the Shiawase Recipi

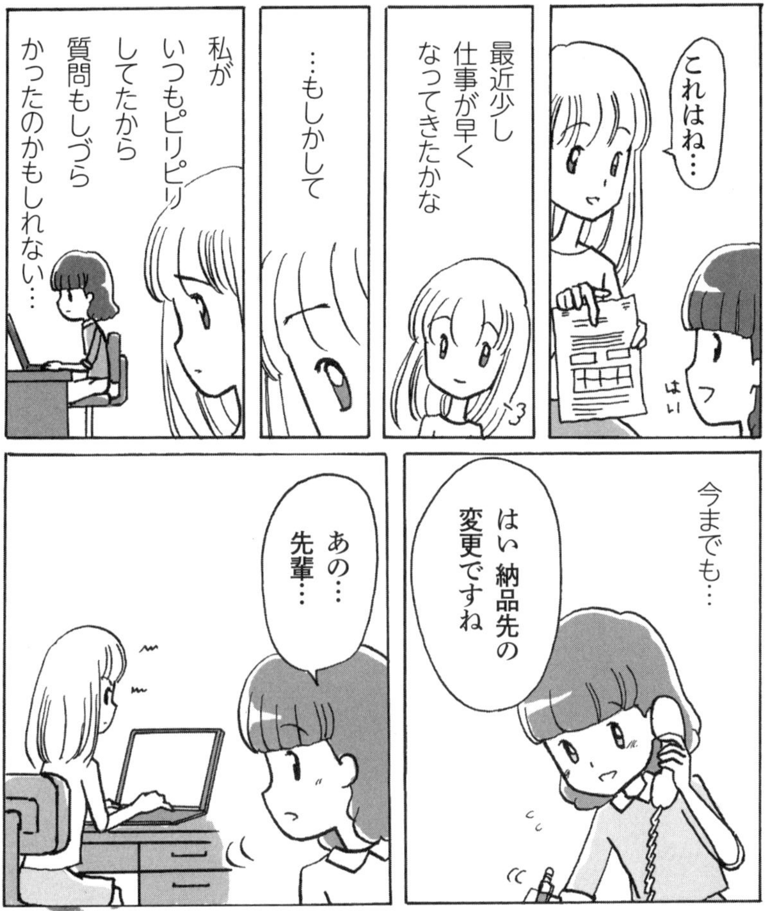
これはね…
はい
最近少し仕事が早くなってきたかな
…もしかして
私がいつもピリピリしてたから質問もしづらかったのかもしれない…
今までも…
はい 納品先の変更ですね
あの…先輩…

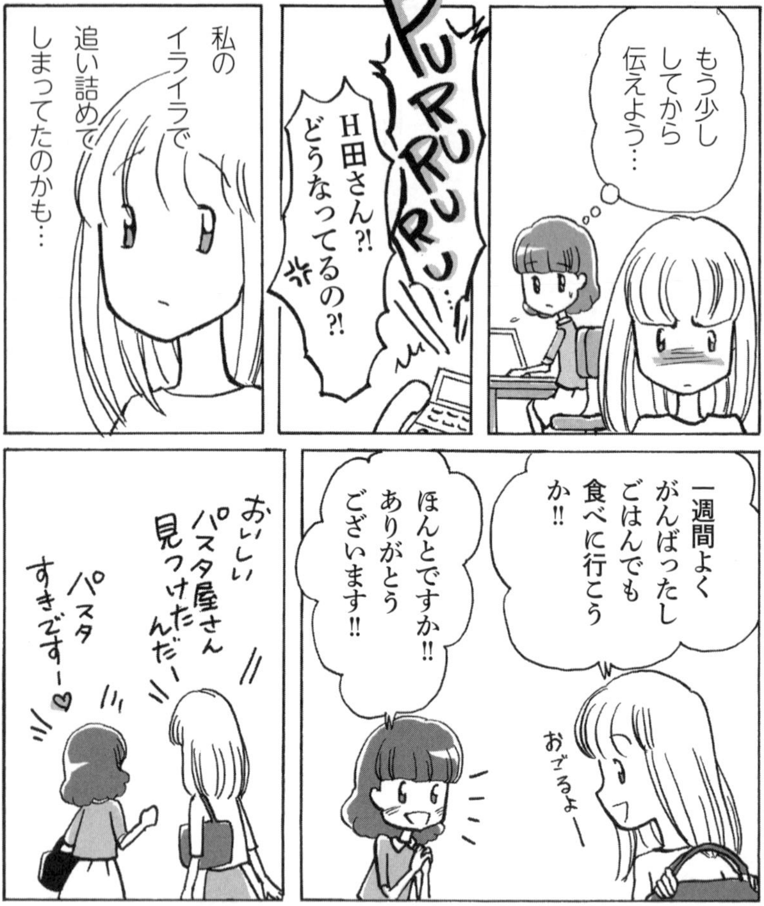

A子

STORY 3

AFTER she met the Shiawase Recipi

私の愛する兄弟たち、
このことをわきまえていなさい。
人はだれでも、聞くのに早く、語るのに遅く、
怒るのに遅くありなさい。
ヤコブの手紙 1:19

A子 STORY 4

BEFORE she met the Shiawase Recipi

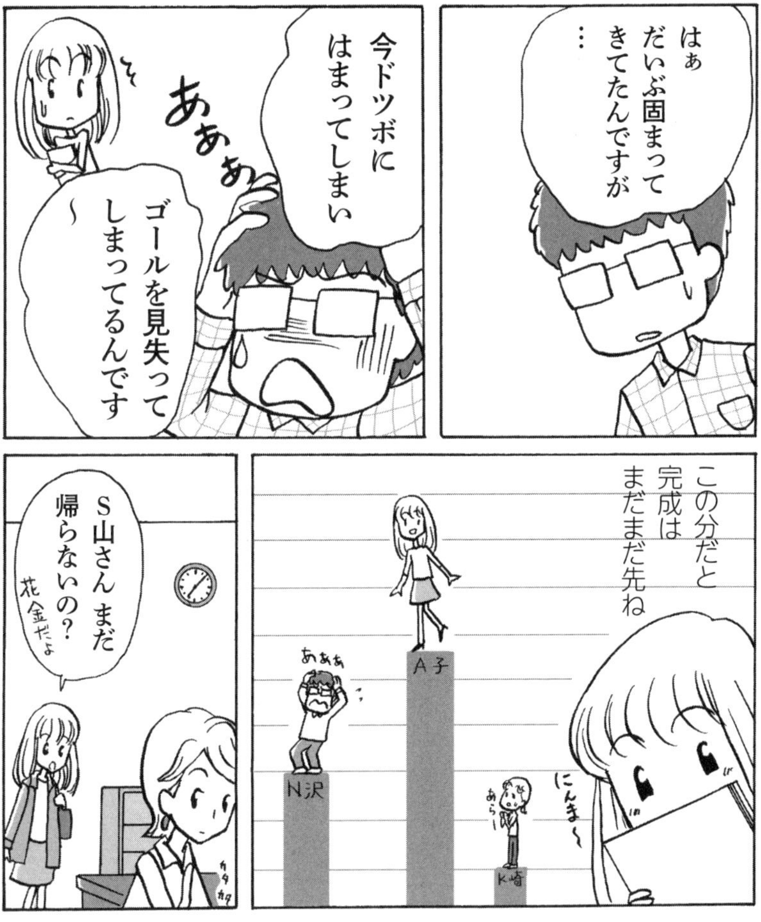

はぁ
だいぶ固まってきてたんですが…
今ドツボにはまってしまい
あああ
ゴールを見失ってしまってるんです〜
この分だと完成はまだまだ先ね
あああ
A子
N沢
K崎
あらー
にんま〜
S山さんまだ帰らないの?
花金だよ
カタカタ

A子

STORY 4

BEFORE she met the Shiawase Recipi

彼女はいいよね…
仕事できるし
スタイルもいいから
上司受けもいい
S山さん
すごいね!!
いつも
がんばってる
もんね！
そうね…
S山
A子
おや

Essay for A子

共に喜び共に泣く

私たちは自分の立ち位置を確認するために、誰かと自分を比べてしまうというクセをもっているようです。「○○さんと比べたら自分なんかダメだ……」と落ち込んだことのある人もいるでしょう。「こんなにがんばってきたのに、どうして新人の△△さんのほうが良い評価を得るのか……」と理不尽に思える結果に憤りを感じたこともあるかもしれません。親や先生から褒められた回数、進路や就職先の優劣、仕事の評価、結婚相手の年収、配偶者の優しさ、子どもの成績、家の広さ、身の回りの持ち物、センス、スタイル、交友関係、人間関係のスキル等々、比較可能な素材には限りがありません。比較する対象も幅広く、友人や家族、職場の同僚から通りすがりの見知らぬ人、果てはまだ出会ってもいない誰かや架空の人物に至るまで選び放題です。

社会心理学者のレオン・フェスティンガーは、人には自分の能力を評価しようとする動機があり、客観的に測れない場合には他者と比較して自分の能力を評価しようとする特性があることを指摘しました。この特性は「社会的比較」と呼ばれ、自分よりも勝っている人と自分を比較する「上方比較」と、自分よりも劣った人と自分を比較する「下方比較」の二つがあります。フェスティンガーが唱える「自分の能力を評価しようとする動機」の根底には自尊心を保つという目的があり、その背景には人が幸福感を追い求める姿があるように感じます。しかし「社会的比較」によって一過的に自尊心を満たすことができても、大切な人間関係が損なわれてしまえば、その幸福感は長続きしません。「社会的比較」に注意が向きすぎると、本来は傷つく必要のないことで傷ついてしまったり、人間関係をささくれ立たせてしまったりして、余計な問題を抱えることになるでしょう。自尊心も人間関係も満たされ、持続的幸福感を得るためにはどうすればよいのでしょうか？

　私たちは社会的存在であるため、人との関わりなしに生きていくことはできません。そしてどんな人間関係をもっているかは私たちのしあわせに大きく関係しています。ポジティブ心理学の研究者の一人であるカリフォルニア大学のリュボミアスキー教授は、スタンフォード大学大学院在学時の研究から「最も幸福な人々は他人の成功から喜びを得ることができ、他人の失敗を目の当たりにしたときは心づかいをする」ということがわかったと述べています。人間関係の中でしあわせに生きていくためには、他者と比較するのではなく、他者と添いながら生きていく術を身につけることが求められているようです。

　仕事でもボランティア活動でも家事でも、他の人と同じ目的のために力を出し合い、共同体験を重ねる機会はたくさんあります。何かに取り組む際、自分と他者との優劣に目を向け、承認を得るためにエネルギーを使い続けることは、自分自身の心の状態においても

A子

STORY 4

AFTER she met the Shiawase Recipi

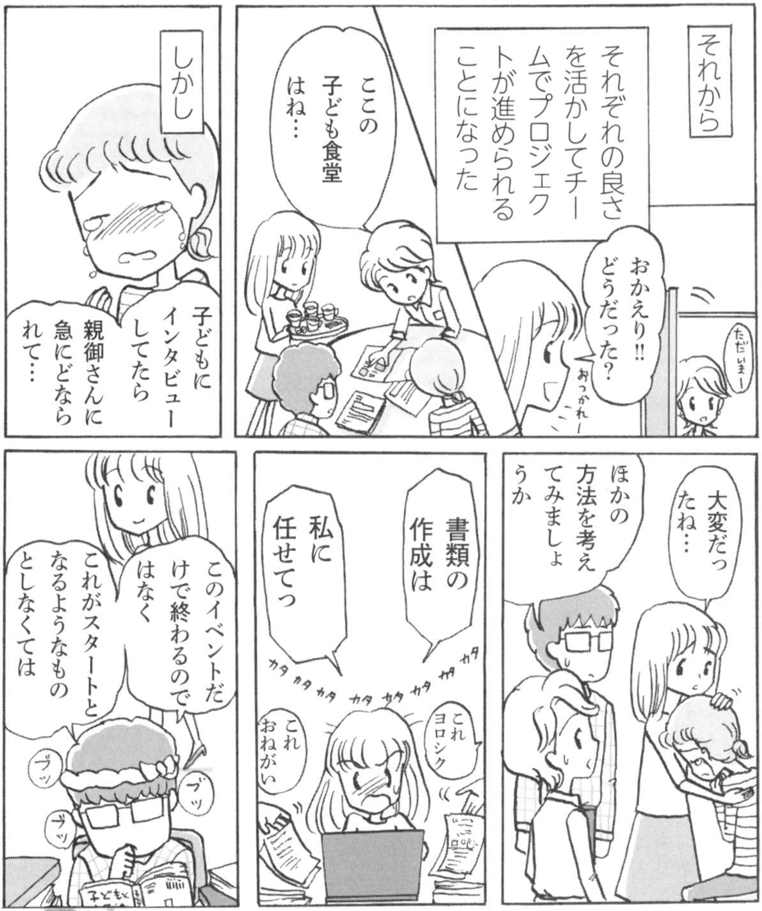
それから
それぞれの良さを活かしてチームでプロジェクトが進められることになった
ただいまー
おかえり!! どうだった?
おつかれー
ここの子ども食堂はね…
しかし
子どもにインタビューしてたら親御さんに急にどなられて…
大変だったね…
ほかの方法を考えてみましょうか
書類の作成は
私に任せてっ
カタ カタ カタ カタ カタ カタ カタ カタ カタ
これヨロシク
これおねがい
このイベントだけで終わるのではなく
これがスタートとなるようなものとしなくては
ブツ
ブツ
ブツ

A子

STORY 4

AFTER she met the Shiawase Recipi

喜んでいる者たちとともに喜び、
泣いている者たちとともに泣きなさい。
ローマ人への手紙 12:15

B奈の
しあわせレシピ

B奈
学生
実家暮らし
挫折からの自分探し中

B奈
STORY 1
BEFORE she met the Shiawase Recipi
おはよー
F ノ宮女子短期大学
短大生になって一月《ひとつき》
何人かの友達はできたけれど
彼氏がさー
本当に気の合う友達とはまだめぐり会っていない
N学院大学…受けるだけでも受けたら良かったのかな…
高校時代
進路希望調査票
3年C組28番
W林 B奈
○をつけて下さい
学校名・就職先など
第一希望
・進学
・就職
・その他（ ）
第二希望
・進学
・就職
・その他（ ）

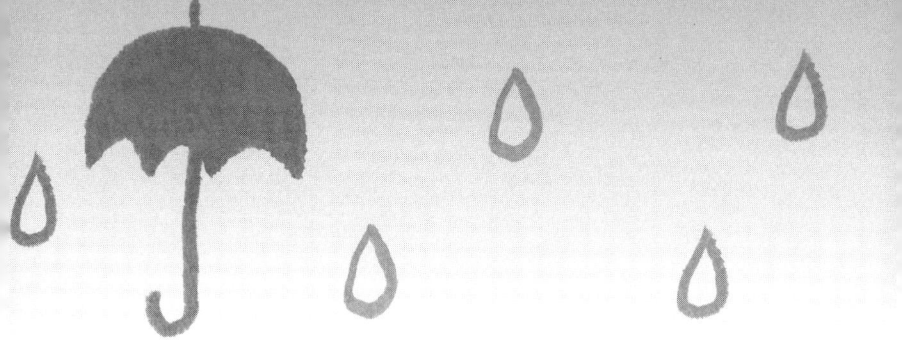

どうしよう…
いちばん行きたいのは
N学院…
だけど
今の私じゃ
到底ムリ…
確実な
Fノ宮短大にするか…
N学院大学
……
Fノ宮女
N学院
いいなって
言ってた
じゃない?!
B奈
本当に
いいの?!
挑戦して
みないの?!
ダメなの
わかってて
挑戦する人
いないし…
浪人する
勇気もないし…
後悔
するわよ?!
うるさいなあ

B奈

STORY 1

BEFORE she met the Shiawase Recipi

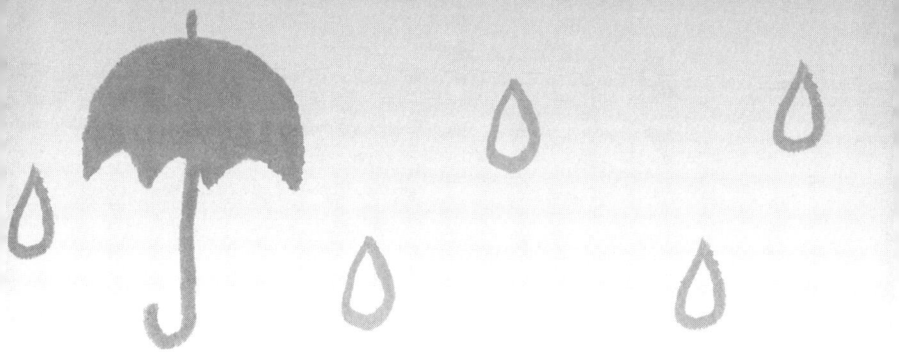

今度新歓でライブするんだけど
歌ってみない?
部長
う…歌うなんて
む…ムリです!
いいからいいから
はい
あ…△☆…◎
…むぁ…＃☆
ん〜え?
…いいと＃…
カチンコチン
昔から人前で話すだけで緊張でガチガチになってたのにましてや歌うなんて…
ズーン
すなおでいーカンジよ
本番までまだ時間あるし
練習したら大丈夫だよ
そ…そうですかね…

B奈

STORY 1

BEFORE she met the Shiawase Recipi

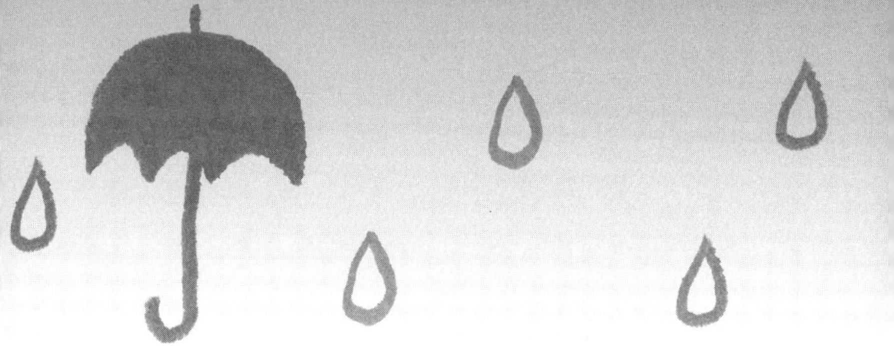

七月
一生懸命練習したんだし大丈夫…
うわ…すごい人
ザワ
ザワ
次は期待の星B奈ちゃんです
パチ
パチ
パチ
くす
くす
くす
タッ
B奈ちゃん?!
あんなにがんばったのに…
もうこんな私嫌…

Essay for B奈

もっているものを

あなたの強みは何ですか？　あなたはどんな良いところをもっている人でしょう？　自分について考えるとき、欠点や短所ばかりが思い浮かぶということはないでしょうか。また、他人の良いところは見つけやすいけれど、自分の良いところはなかなか挙げにくいという人もいらっしゃるでしょう。

「隣の芝生は青く見える」とよく言われますが、私たちは自分が与えられているものよりも他者の持ち物に目を留め、うらやんだりあこがれたりしてしまうことが多いのかもしれません。

昨今は「強み（strength）」に対する注目度が高まっています。ネット上でも〈強みを知る方法〉と検索すると、多くのテストやアプローチがヒットするのは、「自分の良い特徴」に関心を寄せる人たちが増えている表れのように感じます。

ポジティブ心理学では、価値観を伴う個人の美徳ともいえる持ち味を「強みとしての徳性（Character Strengths）」としてとらえて扱っています。こうした強みを測定し研究するために、ペンシルベニア大学のクリストファー・ピーターソン博士とマーティン・セリグマン博士は「VIA-IS（Values in Action Inventory of Strengths）」を開発しました。VIA-IS は世界で二百万人以上の人々に使用されており、強みに関する最も信頼できる診断ツールと言われています。VIA-ISでは、次のような六つの上位概念と二十四種類の下位概念が設定されていて、単なる長所や特徴ではなく、道徳的な意味合いを含んでいることが注目されます。

◎知恵と知識に関する強み（創造性／好奇心／向学心／知的柔軟性／大局観）
◎勇気に関する強み（誠実さ／勇敢さ／忍耐力／熱意）
◎人間性に関する強み（親切心／愛情／社会的知能）
◎正義に関する強み（公平さ／リーダーシップ／チームワーク）
◎節制に関する強み（寛容さ／謙虚さ／思慮深さ／自己調整）
◎超越性に関する強み（審美眼／感謝／希望／ユーモア／スピリチュアリティ）

強みというものは、ただもっているだけでは活かされません。自分の中に秘めておくのではなく、自ら意識的に用い、さらには誰かのために積極的に使うことによって大きな価値をもたらすものです。

ポジティブ心理学の研究でも、自分が特定した強みを一つ選び、翌週その強みを毎日新しい方法で使ってみることで、幸福感に関するポジティブな効果が長期間得られると証明されています。たとえば、勇気に関する強みをもっている人は、誰かを励まし、新しいことにチャレンジする原動力となることができるでしょう。人間性に関する強みであれば、自分のもっているものを分け与えたり、困っている人の相談にのったりして力を貸すことができるはずです。

聖書には「だれでも持っている者は与えられてもっと豊かになり、持っていない者は持っている物までも取り上げられるのだ」（マタイの福音書二五章二九節）と書かれています。

私たちは、一人ひとり価値ある存在であり、異なるタラントが備わっています。そのタラントを大きく育てて、豊かな実りを手にできるよう努力したいものです。

Shiawase Points

◆今回のポイント◆

・「強みとしての徳性」を意識して使うと、人格が磨かれる。
・「強み」を活かすことは、持続的幸福感をもたらす。
・自分の「強み」を毎日新しい方法で使ってみよう！

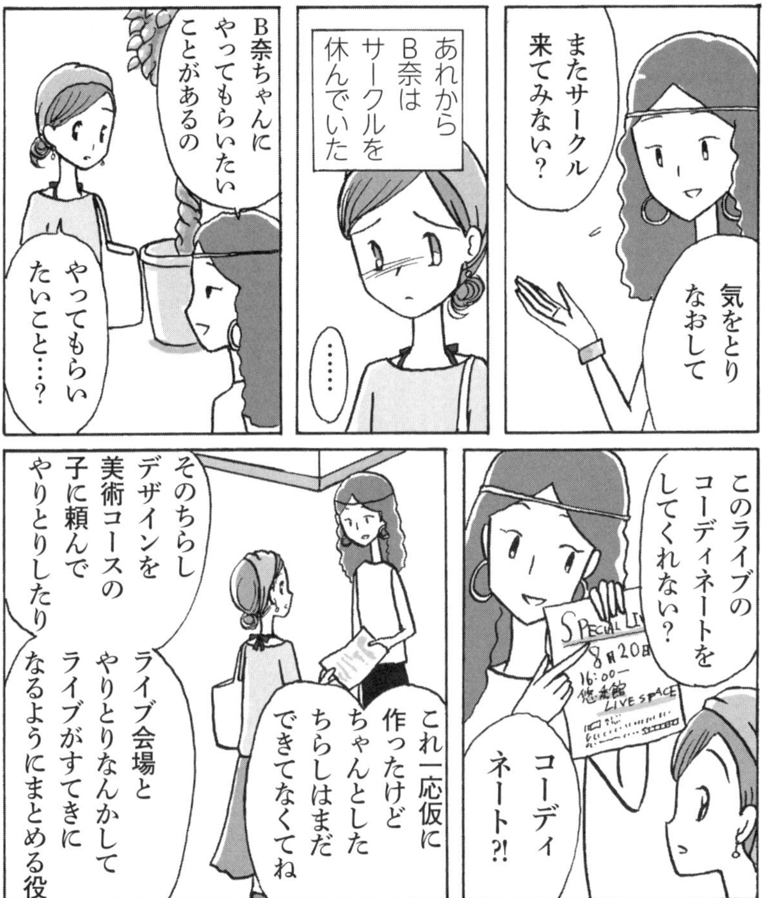
気をとりなおして
またサークル来てみない？
あれからB奈はサークルを休んでいた
……
B奈ちゃんにやってもらいたいことがあるの
やってもらいたいこと…？
このライブのコーディネートをしてくれない？
コーディネート?!
これ一応仮に作ったけどちゃんとしたちらしはまだできてなくてね
そのちらしデザインを美術コースの子に頼んでやりとりしたり
ライブ会場とやりとりなんかしてライブがすてきになるようにまとめる役

AFTER she met
the Shiawase Recipi

STORY 1

B奈

B奈

STORY 1

AFTER she met the Shiawase Recipi

そしていよいよ
ライブ当日
わー
グリーンが
いっぱい
マイナスイオン
たっぷり～
フルーツノンアル
カクテルです♡
どうぞ～
わーい
くださーい
すてきだねー
ねー
ごめん！
準備少し
おしてる！
お客さんに
アナウンス
して！
あ
はい

B奈

STORY 1

AFTER she met the Shiawase Recipi

だれでも持っている者は与えられて
もっと豊かになり、
持っていない者は持っている物までも
取り上げられるのだ。
マタイの福音書 25:29

B奈

STORY 2

BEFORE she met the Shiawase Recipi

別の日
M本
ミーティング間に合いそうにないわ
うちのコース分発表しといてもらっていい？
えっ?!
いっしょにやろうって言ってたのに…
各課の発表が…
さらに別の日
まとめてきたよ！
これ当日のスケジュール
B奈ちゃんありがとう!!助かったあ
当日スケジュールまとめておきました
おーありがとー
え…どういうこと…?

B奈

STORY 2

BEFORE she met the Shiawase Recipi

M本さんて
お願いばっかで
自分は楽して
嫌んなる
そんな人には
なりたくないわ
私は違う
別の日
あ! Y子ちゃん
大変そう
Y子ちゃん
手伝おうか
えーっ…と
Y子ちゃん
優しくて
話しやすい
からスキ
本当に?!
ありがとう!!
また別の日
あ…
W川さん
どうしたの
かな
何か困って
そう
オロ
オロ

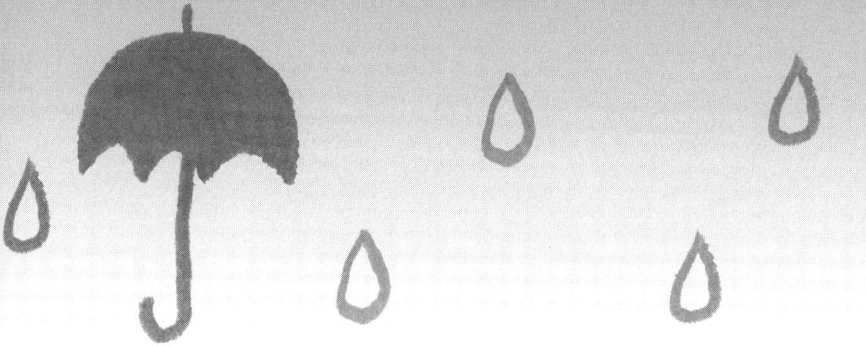

でも…
W川さんって
怖いんだよね
無表情で
語調もきついし
私
帰らなきゃ…
その夜
しあわせレシ
「テイカーとは
奪う人のことです
テイカー!!
M本さんのこと
だわ完全!!
「聖書には
『受けるよりも与えるほうが
幸いである』と書かれてい
……

Essay for B奈

受けるよりも

何かをしてもらったら代わりにお返しとして何かしてあげる、何かしてあげた代わりに今度は何かをしてもらう……。そんな人間関係のやりとりを私たちは「ギブ＆テイク」と呼んでいます。しかし、周囲を見渡してみると、ギブとテイクの関係は決して均等ではないようです。

ペンシルベニア大学の組織心理学者であるアダム・グラントは、この「与えること」と「受け取ること」の関係から、人の行動パターンを「ギバー」「テイカー」「マッチャー」という三つのタイプに分類しました。まず一つめのタイプの「ギバー」とは、与える人のことです。常に相手の利益を心に留め、その人が何を求めているかに注意を払い、自分が受け取るよりも相手に与えることを選びます。二つめの「テイカー」は、奪う人のことです。相手の必要性よりも自分の利益を優先し、自分が与えるよりも多くを受け取ろうと考えています。そして、三つめ「マッチャー」とは、バランスを取る人のことを言います。常に〝公平〟という観点にもとづいて行動し、相手の出方に合わせてギブとテイク（損得）を五分五分に保とうとする人です。

一人の人の中でもその置かれた状況や役割によってこのタイプは変化するようですが、グラントの研究によれば、組織などで成功する人は「テイカー」や「マッチャー」よりも「ギバー」に多いことがわかりました。そしてこれは、組織における成功にとどまらず、個人の幸福感にも同じことがいえるようです。たとえば、心をこめて誰かのために何かを作ったり、相手を思ってプレゼントを選んだりして、喜びを感じた経験があるのではないでしょうか。こうした行為は、自分が直接利益を得なくても、他者の喜びを自分の喜びと感じ取る特性が人間に備わっていることを表しています。

ボランティアをする人の中には、人の役に立つことに幸福感を感じる「ヘルパーズハイ」と呼ばれる状態を経験する人も多くいます。アメリカの調査コンサルティング会社であるギャラップ社が、二万三千人のボランティア経験者を対象に調査を行った結果、九割もの人々が人の役に立てたことで「気持ちが高揚した」と回答しています。

また、ギバーには「自己犠牲のギバー」と「他者志向のギバー」の二つのタイプが存在するということもわかっています。「自己犠牲のギバー」は、相手に求められるがまま自分の分を超えて与え続ける傾向があり、他者に助けを求めることをしないため最終的には燃え尽きてしまいます。もう一方の「他者志向のギバー」は、自ら進んで与えることを楽しみながら他者を助ける傾向があり、困ったときには周りに支援を求めます。「与える人」であり続けられるためには、自分自身のしあわせや健康を無視しないことも必要なようです。
心理学のさまざまな研究から、与えることは受ける以上に幸福感をもたらし、しかも与えることで得られた幸福感は瞬間に消えゆくものではなく、穏やかに持続するということがわかっています。聖書には「受けるよりも与えるほうが幸いである」（使徒の働き二〇章三五節）と書かれています。このことばは、私たちの人との関わりにおいてとても大切なことを教えてくれています。自分がもっている資源に気づき、周りの人に喜んで与えることができるようになりたいものです。

Shiawase Points

◆今回のポイント◆

・与えることは、持続的幸福感を高める。
・「他者志向のギバー」は、成功を収めやすい。
・「テイカー」「マッチャー」よりも「ギバー」を目指そう！

AFTER she met the Shiawase Recipi

STORY 2

B奈

B奈

STORY 2

AFTER she met the Shiawase Recipi

こっちが先にとってたんだから!!
日本の伝統である私たちがここにふさわしいのよ!!
お…落ち着いて…
どうすればいいの〜?!
ぐる
ぐる
だいたいパティシエなんて
茶道なんて今どき
は、話せばわかります
子どもみたいに言い争って!恥ずかしくないのですか?
え?
そんな姿勢で学校に来てくださる方が楽しい気持ちになると思いますか?!

B奈

STORY 3

BEFORE she met the Shiawase Recipi

でも仕方ないか
おばあちゃん家は
車で小一時間の
田舎
B奈ちゃん
ありがとうね…
おばあちゃん
すっかり
弱って…
早く元気に
なってね
大好きな
おばあちゃん
ところが
すまん!!
しばらく
仕事で車
使うことに
なった
おばあちゃんち
まで電車と
バスで
行ってくれるか?!
電車
50分
のりかえ
電車
20分
バス
20分
徒歩
15分
ガーン
バスの本数
めっちゃ少ない
のに
乗り合わせ
めちゃ悪いのに!!

B奈
STORY 3
BEFORE she met the Shiawase Recipi

大学に行って
就活して
バイトして
お待たせいたしました—
おばあちゃん家に通う日々…
体力と気力の限界に挑戦しているみたい…
カタン
ぐったり
コトン
でも…
いちばん行きたいと思っていた会社、今年は募集ないみたいだし
就活も目的なくしてる感じ

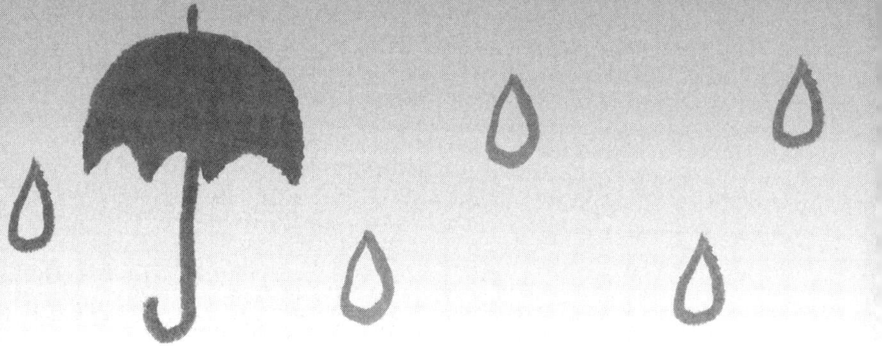

しかし
あの会社の募集が始まった‼
今週末に…東京で面接⁈
募集はないと思っていたから提出に必要な論文できていない
せっかくの…チャンスなのに…
今の生活でいったいどうやって仕上げるっていうの？
おばあちゃんちょっと待ってね
大学受験の時みたいにもう妥協したくないのに…
いったいどうすればいいの…？

Essay for B奈

我慢ではなく

私たちに平等に与えられている時間は、一日二十四時間。そしてどんなにがんばっても自分の体は一つ。にもかかわらず、したいこと、しなくてはいけないこと、してあげたいこと、せずにはいられないことなどが押し寄せて、抱えきれない事態になり、頭を悩ませることがあります。そんなとき私たちは、「不安」や「焦り」、「怒り」や「妬み」、「悲しみ」や「絶望」などの不快な感情と向き合うことになります。

感情のコントロールを考えるとき、嫌な気分をどんなふうに「おさめているか」という視点で考えると興味深いことが見えてきます。感情を「おさめる」には、二つの種類があると考えられます。一つは「納める」、もう一つは「治める」です。

「納める」とは、特定の所にしまうことを意味します。不安や怒りや悲しみを感じたときに、その感情を心の特定の所にしまい込むのは、気持ちを「納める」ということになります。伝えたいことを呑み込み、嫌だなと思う感情に向き合うことをせず、その思いにただ蓋をしてしまい込んでおくこと、これは一般に〈我慢〉と呼ばれる状態です。気持ちが心の器《うつわ》の許容範囲内におさまっているうちは平静を保てているように見えるかもしれませんが、やがて許容範囲を超えて器がいっぱいになれば、感情はあふれ出し制御不能になってしまうでしょう。

我慢とは、「我」と「慢」の二文字からできています。我慢の「慢」は「慢心」「傲慢」などに用いられる字ですが、これには「おこたる」「なまける」という意味があります。つまり、「我慢」は自分の願いをおこたっていることと解釈できます。

感情のおさめ方のもう一つは「治める」という方法です。「治める」とは、あるものを秩序ある状態にすることを意味しています。秩序とは、物事を行う場合に正しい順序や筋道を立てることです。不安や怒りや悲しみなどの不快な気分を感じたら、まずは受けとめ、「どうして今自分はそのような気分になっているのだろう」とその感情の意味を理解し、順序立てて「どうすれば、この事態を変化させることができるだろう」と解決方法を模索することは、感情を「治める」ということになるでしょう。

感情を「治める」ためには、〈我慢〉ではなく〈忍耐〉が必要になります。忍耐ということばは、「みとめる」という意味の「忍」と「たえる」という意味の「耐」からできています。「忍耐」の二文字を合わせると「たえる（こと）をみとめる」という意味となり、やがて得る目標のために試練に耐える自分を認めるという解釈ができます。感情をより良く「治める」ためには、自分が求めていることに向かって、秩序立てて自分自身をコントロールすることが求められるでしょう。

聖書には「それだけではなく、苦難さえも喜んでいます。それは、苦難が忍耐を生み出し、忍耐が練られた品性を生み出し、練られた品性が希望を生み出すと、私たちは知っているからです」（ローマ人への手紙五章三～四節）とあります。聖書では、「忍耐」を勧めています。そうすることによって人格が磨かれ、困難があっても希望を見失わないしなやかさが得られると述べているのです。

人生に困難はつきものです。そのようなときに、ただ「我慢」してやり過ごすのでなく、「忍耐」をもって治めることができるよう求め、心がけていきたいものです。

Shiawase Points

◆今回のポイント◆

・我慢は人生にしあわせをもたらさないが、忍耐は人生を豊かにする。

・感情の意味を理解して、適切に治めよう。

落ち着いて整理しよう
○職種
○募集人数
各2名
○給与
月給
すべてのことを一気にはできないんだから
時間を少しでも節約するためおばあちゃん家に泊まり込むことに
お世話になりま〜す
うれしいねぇ
バイトは今週はお休みさせてもらう
ごめん!! かわってもらえる?!
短期集中でやるしかない
カタ
カタ
カタ
カタ

AFTER she met the Shiawase Recipi

STORY 3

B奈

B奈

STORY 3

AFTER she met the Shiawase Recipi

面接の朝
できた!!
おばあちゃん行ってきます!!
気をつけてね
アトム
えっと
失敗を恐れずベストを尽くそう
RCULATION BUILDI
ふぅ
ドキドキ

帰りの新幹線
そして…
到底乗り越えられないと思った
だけどその先には希望が用意されていたんだね…
W林 B奈様
採用内定の
拝啓 貴殿におかれまし
さて、先般実施い

B奈

STORY 3

AFTER she met the Shiawase Recipi

それだけではなく、

苦難さえも喜んでいます。

それは、苦難が忍耐を生み出し、

忍耐が練られた品性を生み出し、

練られた品性が希望を生み出すと、

私たちは知っているからです。

ローマ人への手紙 5:3-4

B奈

STORY 4

BEFORE she met the Shiawase Recipi

部長!! 顧客名はリストに残っています
これをもとに情報を集められますよ
しかし…膨大な数だぞ…
私やります!!
そして一から顧客にあいさつ回りをし
その節はお世話になりまして…
ありがとうございます
大変ねぇ
情報を取り戻していった
仕事もやりがいがありプライベートも充実してきた
きれー
そんな矢先…
あれ…何だろう体がおかしい…
どうしたの…私…体が動かない…

B奈

STORY 4

BEFORE she met the Shiawase Recipi

しかし
ついに…
一年半
ぶり…
B奈さん
久しぶり!!
ありがとうございます
元気に
なって
よかった
あ…
私の席…
スタッフさん
増えましたね
そうなのよー
毎日とっても
にぎやかよ
売り上げも
伸びていてね
いろいろ新しいこと
を始めようとして
いるのよ
そうなんですね
すごいですね
私は
もう…
必要とされ
ていない…

Essay for B奈

支えられた人の歩み

私たちのキャリアというのはどのように築かれていくのでしょうか。たとえば幼少期から考えると、どこの幼稚園に入るのか、どんな習い事を始めるのか、学校は私立に行くのか公立に行くのか。学校に入ったら部活は何をするのか、進学するなら文系か理系か。大学受験や就職試験の合否、昇格や配置換えによる異動、転職や起業などの決断……。

人生の岐路で何を望み、どんな選択をするのかによって、確かにその後の出会いや経験に変化が起こります。だからこそ、多くの人たちは、願っているキャリアを築くために目標を立て、受験や就職に備えて、いろいろな準備に励むのでしょう。

心理学者のジョン・クランボルツ氏は、「プランドハップンスタンスセオリー」という理論を唱え、私たちのキャリアは予期しなかった偶然の出来事によってこそ形成されていくと説いています。「プランドハップンスタンスセオリー」は「計画された偶発性」と訳されます。通り過ぎた時には何の関係性も見えなかった点と点の出来事が、後から振り返ってみると、あたかも計画されていたかのように自分のキャリアをかたちづくっていると感じる人は、実は少なくはないはずです。

クランボルツ氏は、予期せぬ偶然の出来事を人生の好機に変えるためには次の五つの要素が大切であると言っています。

①好奇心…新しい学習の機会を模索すること。
②持続性…うまくいかないことがあってもあきらめずに努力すること。
③柔軟性…固執せずに信念や行動を変えること。
④楽観性…自分には新たなチャンスが必ずやってくるとポジティブにとらえること。
⑤冒険心…結果が不確実でも行動を起こすこと。

　夢を描き、希望に向かって努力することは大切なことです。努力が実を結び望んだ成果が得られたなら、どんなにすばらしいことでしょう。しかし、現実は厳しいものです。どんなに希望に燃えて最善の対策をしたとしても、願っていたことばかりを手にするわけではありません。時には思わぬ横やりが入ったり、期待が裏切られたり、大きな失敗を経験することがあります。予想外の結果に敗北感や挫折感が押し寄せて、その現実から目をそらしたくなることもあるかもしれません。

　そんなとき、聖書に書かれている、「主によって 人の歩みは確かにされる。主はその人の道を喜ばれる。その人は転んでも 倒れ伏すことはない。主が その人の腕を支えておられるからだ」（詩篇三七篇二三～二四節）ということばは、大きな支えになります。思い描いていたキャリアにつまずいて私たちの心が折れそうになったとき、絶望し悲しみにくれるのではなく、その時、その場所で、自分にできることに心を尽くして取り組みましょう。あきらめず、固まらず、顔を上げて動き出すことで、その出来事が好機に変換されていくはずです。そして、予想もしなかったような新たな道が開かれたとき、私たちは予期せぬ偶然を幸運に変える大いなる力の働きに気づくのかもしれません。

Shiawase Points

◆今回のポイント◆

・キャリアは、予期せぬ偶然によってつくられる。
・想定外の出来事や失敗のときにこそ、前を向いて歩もう。
・偶然を必然に変える態度で臨もう。

AFTER she met the Shiawase Recipi

STORY 4

B奈

B奈

STORY 4

AFTER she met the Shiawase Recipi

そして…
パチ パチ パチ
わああ
本当にありがとうございました
あたたかい配慮に満ちていて
感動しました
B奈は自分の病の経験をいかして
楽屋や会場に配慮していた
楽屋に横になれるソファーを設置しよう
あと体の不自由なお客様が来られるかもしれないから…
自分がずっと健康だったら知ることのできなかった痛み
その経験がこうして誰かの助けになるなんて…

B奈

STORY 4

AFTER she met the Shiawase Recipi

主によって　人の歩みは確かにされる。
主はその人の道を喜ばれる。
その人は転んでも　倒れ伏すことはない。
主が　その人の腕を支えておられるからだ。
詩篇 37:23-24

C美の
しあわせレシピ

C美
パート勤めの主婦
夫と息子と3人暮らし
心配性

C美

STORY 1

BEFORE she met the Shiawase Recipi

バターン
いってらっしゃい…
お父さんの好きなベーコンエッグなのにね
「もういいよ」か…
今まで何度言われただろう…

C美

STORY 1

BEFORE she met the Shiawase Recipi

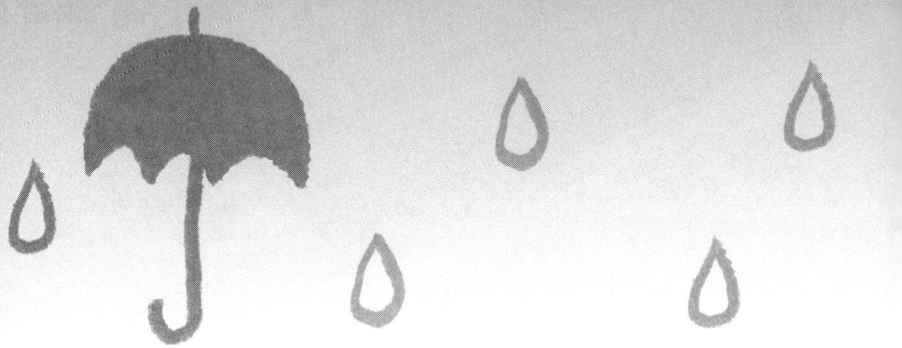

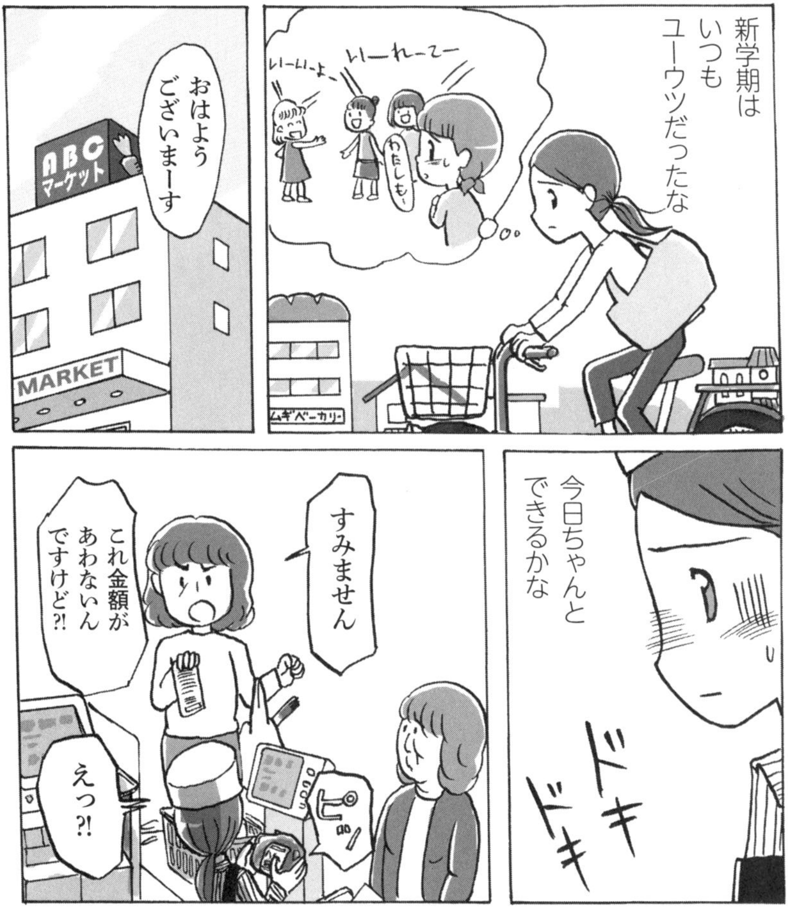

新学期は
いつも
ユーウツだったな
いーれーてー
いーいーよー
わたしもー
ムギベーカリー
ABC
マーケット
MARKET
おはようございまーす
今日ちゃんと
できるかな
ドキドキ
すみません
これ金額があわないんですけど?!
えっ?!
ピッ

C美
STORY 1

BEFORE she met the Shiawase Recipi

働くって大変だな…
フラ フラ
夫の会社経営難だって言ってたな…
彼も大変なんだわ
ほけー
コロッケ
もし彼がリストラされたりしたら…どうなるの?!
そしたら私…パートしている場合じゃないんじゃない?!
でも…
ずーーん
今から私が大黒柱になるなんて…そんなのムリー
ただいまー
どうしたの?

Essay for C美

今を大切に生きる

私たちの心の中に収められているものは、大きく分けると「過去」と「現在」と「未来」のどれかに属する考えや思いです。これらをどんな割合でどんなふうに整理するかによって、日々の生きやすさは大きく変わってくるように思います。

近年、瞑想の効果を科学的に実証した「マインドフルネス」が注目を集めています。以前、ジョン・カバット・ジン博士の講演会に参加した時のことですが、冒頭で手をつないだ父と子が自然の景色を前に歩いている一枚のスライドが映されて、「この絵の子どもは周囲の自然の景色に一〇〇％意識を向けている。しかし親は、同じ道を歩きながら仕事で気がかりなことを考えている。子どもの心は〝今〟にあるが、親の心はどこにあるのだろうか？」と博士から問いかけられたことがとても印象に残っています。博士は、「マインドフルネスとは、評価や価値判断をせずに、明確な意識をもって現在に注意を向けることから生じる気づき」だと定義しておられました。私たちは、過去を思い出して後悔したり、未来を思い描いて不安になったりすることが少なくありません。そうやって自らストレスを増やし、心の内側をどんどん乱しているのかもしれません。

マインドフルネスは、ネガティブな感情に支配されずに集中力を高めるための取り組みです。さまざまな実証研究から、ストレスの軽減や疾病からの回復、記憶力向上などに効果があるという結果も出ています。米国の二百四十の医療機関では、マインドフルネス瞑想法が実際に患者に提供されており、企業においても、さまざまな業種で導入されています。

マインドフルネスは、過去の囚われや将来の不安などから解き放たれ、〝今〟を生きるための「心のエクササイズ」ということができます。講演の中で博士は、マインドフルネスの導入として最も取り組みやすい一つの方法を教えてくださいました。それは、呼吸に意識を向けるエクササイズです。具体的には、いすにゆったりと腰掛け、力を抜いて、静かにゆっくりと深い呼吸を行うというものです。鼻を通る空気の流れに意識を集中し、それ以外のことは考えないようにします。慣れないうちはいろいろな雑念が浮かんできてしまいますが、それは自然な反応として受け流し、また呼吸に集中し直すのです。最初は数秒しか続かなくても、だんだんと呼吸に集中できる時間が長くなっていきます。

博士は、「マインドフルネスは、テクニックでもなく、哲学でもなく、あり方である」とまとめられました。〝今を生きる〟というあり方は、忙しい現代社会の中で私たちが忘れてしまいがちなものかもしれません。

聖書にはこんな記述があります。「ロトのうしろにいた彼の妻は、振り返ったので、塩の柱になってしまった」（創世記一九章二六節）。神は、ソドムとゴモラの町の滅亡からロト一家を救う際に「後ろを振り返ってはならない」と命じました。しかし、ロトの妻は、残してきた町での過去の生活に心を奪われ、振り返ってしまったのです。また、マタイの福音書六章には、食べるものや着るものやこれからの生活のことなど、未来のことを心配しないようにと、「明日のことまで心配しなくてよいのです。明日のことは明日が心配します。苦労はその日その日に十分あります」（三四節）と書かれています。

私たちは過去でも未来でもなく、現在に生かされています。今置かれている場所で、精いっぱい力が発揮できるように意識を集中し、心を整えていきたいものです。

Shiawase Points

◆今回のポイント◆

・大切なことは、ありのままを受け入れて、今を生きること。

・静かにゆっくり深呼吸して、〝今ここに〟意識を向けよう。

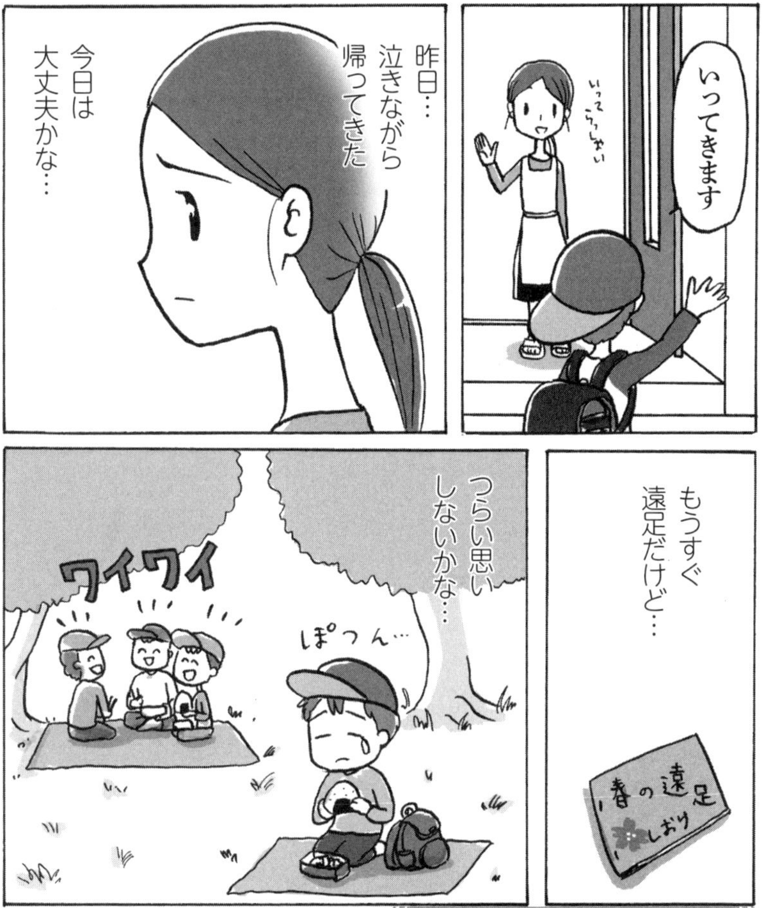

AFTER she met
the Shiawase Recipi

STORY 1

C美

C美

STORY 1

AFTER she met the Shiawase Recipi

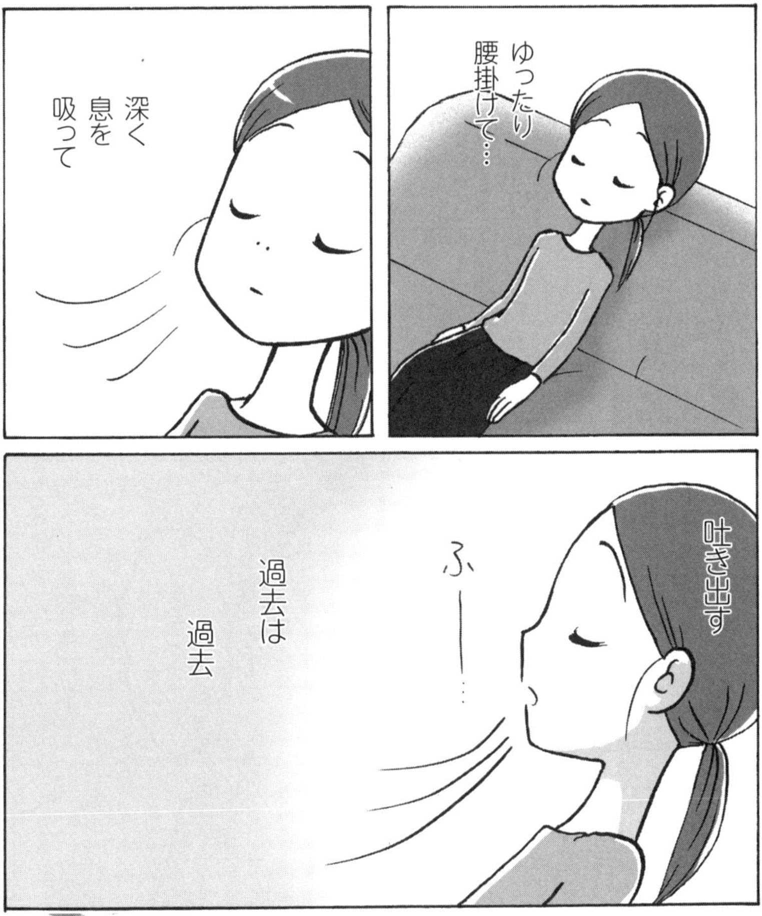
ゆったり腰掛けて…
深く息を吸って
吐き出す
ふー…
過去は過去

C美

STORY 1

AFTER she met the Shiawase Recipi

ロトのうしろにいた彼の妻は、振り返ったので、
塩の柱になってしまった。
創世記 19:26

明日のことまで心配しなくてよいのです。
明日のことは明日が心配します。
苦労はその日その日に十分あります。
マタイの福音書 6:34

C美

STORY 2

BEFORE she met the Shiawase Recipi

あ〜
まだやってないわっ
明日の朝までにやっておくね
えー
そういえば…
明日のお料理教室の案内メールしなきゃ
いよいよお料理教室が明日となりました集合時間は……
えーっと
文章考えるのニガテ…
ピーン♪
C美さんメールありがとう(^-^) 実は息子の発熱で…
それは大変どうぞお大事にしてね。次回の教室のこと…
ピーン♪
C美さん持ち物にマイカップ入れるの忘れてるー
ピーン♪
C美さんマイカップはー
みなさん先ほどお送りしたメールに…
あっ本当だ(汗)訂正のメール…
ピーン♪
そういえばこないだ言ってた…
それは確か…
ピーン♪
C美さん明日の…

C美

STORY 2

BEFORE she met the Shiawase Recipi

くらっ
あっつ!!
イテテ
ザー
アイロン切り忘れてた
何やってるんだろう…
息子じゃなくてよかった…
最近寝不足がずっと続いてるから
今夜は早く寝よう
ハッ
PTA主催
夏まつり
あ
夏祭りのプログラム
明日までに作るんだった

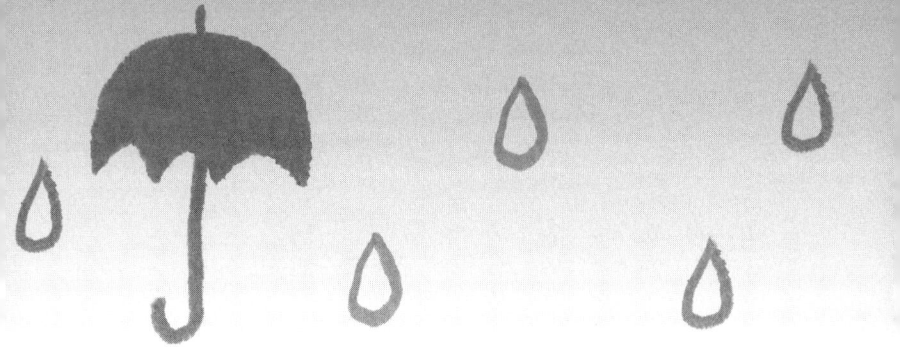

もう疲れた……
休みたい……
ズシンッ
お付き合い
自治会
PTA
パート
育児
家事
グッ
翌朝
おはよー
おは…よ
徹夜でプログラムを仕上げた
お母さん!
前につけるんだよ
ゼッケンが後ろ側についてるよ!
ガーン
うそー
ごめ〜ん
今日はこれで我慢して……
え〜

Essay for C美

休息を意識する

カウンセリングルームには、何らかの理由によって心のバランスがうまく保てなくなった方々が相談に訪れます。バランスを取り戻すために試行錯誤されることは当然のことなのですが、中には、がむしゃらにがんばりすぎていることによって、さらにバランスを欠いてしまい、もてる力が十分に生かされていないというケースもあります。私たちが自分の能力を最大限に活用するためには、活動することと同じくらいに休息を意識することが重要なことだと言えます。

「ワーカホリック」ということばを聞いたことがあるでしょうか？　これは、一九七一年にアメリカの作家ウェイン・オーツの著書『Confessions of a Workaholic（邦題・ワーカホリック――働き中毒患者の告白）』で初めて使われたことばで、自分の健康や家庭を顧みずに働き過ぎてしまう「仕事中毒」の人を表す造語です。今では休息をとらない過密スケジュールによって、メンタルヘルス不全を引き起こしたり、最悪の場合は過労死などを招いたりすることは多くの人たちの知るところとなりました。インターネットの普及に伴って、いつでもどこにいても仕事をする手段を手に入れてしまった私たちは、当時とは比べものにならないほど、オンとオフの区別をつけにくい環境の中に暮らしています。忙しさに身をゆだねてしまっていると、常に慌ただしく様々な情報を受け取り、処理し、働き続けてしまう状況が止まらず、休むタイミングを逸してしまいやすいのではないでしょうか。

このような過活動な状態の中で、特に近年課題となっているのは睡眠です。厚生労働省が発表した平成二十七年「国民健康・栄養調査」の結果を見ると、一日の平均睡眠時間が六時間未満の割合が増加しています。睡眠確保の妨げとなっていることとしては、二十歳以上の男女共に「仕事」が高くなっています。

睡眠不足になると、身体的にも精神的にも社会的にも様々な問題が発生します。睡眠評価研究機構代表の白川修一郎医学博士の研究によれば、十分な睡眠をとっている人に比べて睡眠の質が良くない人は、会社の病欠が一・九倍、精神的な不健康感が五倍、職業活動性の低下が二・四倍、人間関係の悪化率が二・五倍高いことが明らかになっています。

睡眠の質を良くするためには、朝目覚めた後に太陽の光を三十分以上浴びること、就寝の三十分前にはテレビやスマホなど光刺激を受けないようにすること、睡眠ホルモンであるメラトニンの材料になる良質なタンパク質やビタミン、ミネラル類を含んだ食材を積極的に摂ることなどを意識すると良いと言われています。

休息するための最も効果的な行動は、十分な睡眠をとることです。十分な睡眠は、身体疲労をとり、心理的なストレスを回復させ、心身のコンディションを整えてくれます。

聖書の中には「神は第七日を祝福し、この日を聖なるものとされた。その日に神が、なさっていたすべての創造のわざをやめられたからである」（創世記二章三節）と書かれています。休息を意識することはとても大切なことです。そして、聖書には、一週間を精いっぱい働いた私たちが日頃の思い煩いから解放され、心と身体を休息させるための様々な知恵が書かれています。こうした知恵を得ることで心身をリフレッシュさせ、自分のタラント（強み）を十分に発揮できるようになるでしょう。活動することのみに意識をとらわれるのではなく、身体も心も落ち着かせるひとときを大切に過ごしていきたいものです。

Shiawase Points

◆今回のポイント◆

・七時間ほどの睡眠時間を確保して、心身のリフレッシュを図ろう。

・質の良い休息は、最高の力を発揮させてくれる。

AFTER she met
the Shiawase Recipi

STORY 2

C美

C美

STORY 2

AFTER she met the Shiawase Recipi

!
「就寝の30分前にはテレビやスマホなどの光刺激を受けない」しあわせレシピ
そうだった…
うん
メールはさっきもチェックしたし
明日の朝で大丈夫大丈夫
パタン

C美

STORY 2

AFTER she met the Shiawase Recipi

神は第七日を祝福し、
この日を聖なるものとされた。
その日に神がなさっていたすべての創造のわざを
やめられたからである。

創世記 2:3

C美

STORY 3

BEFORE she met the Shiawase Recipi

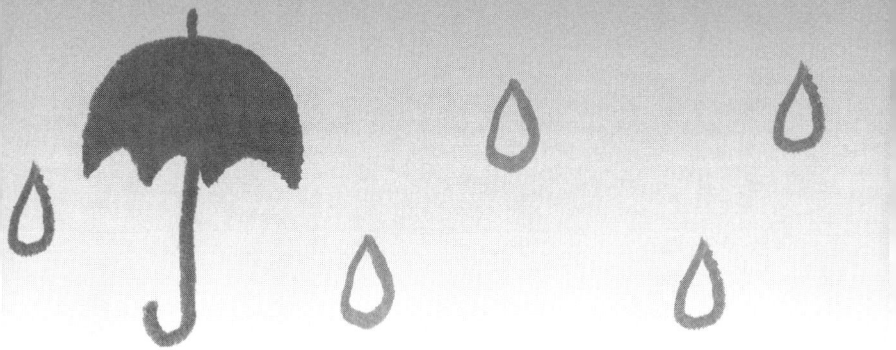

どなたか代わりに行っていただけませんか？
私も忙しいのでね
しーん
……
アッハッハ
PTA 会長
自治会はなかなかくせのあるオジさん多いけどいい人たちなのよー
会長さんニガテ…退散しよ…
ササッ
すみませんお先に失礼します…
あなたはどう？
人間関係が密になるとややこしいしほどよく浅く広くが安全よねー
ふとん

C美

STORY 3

BEFORE she met the Shiawase Recipi

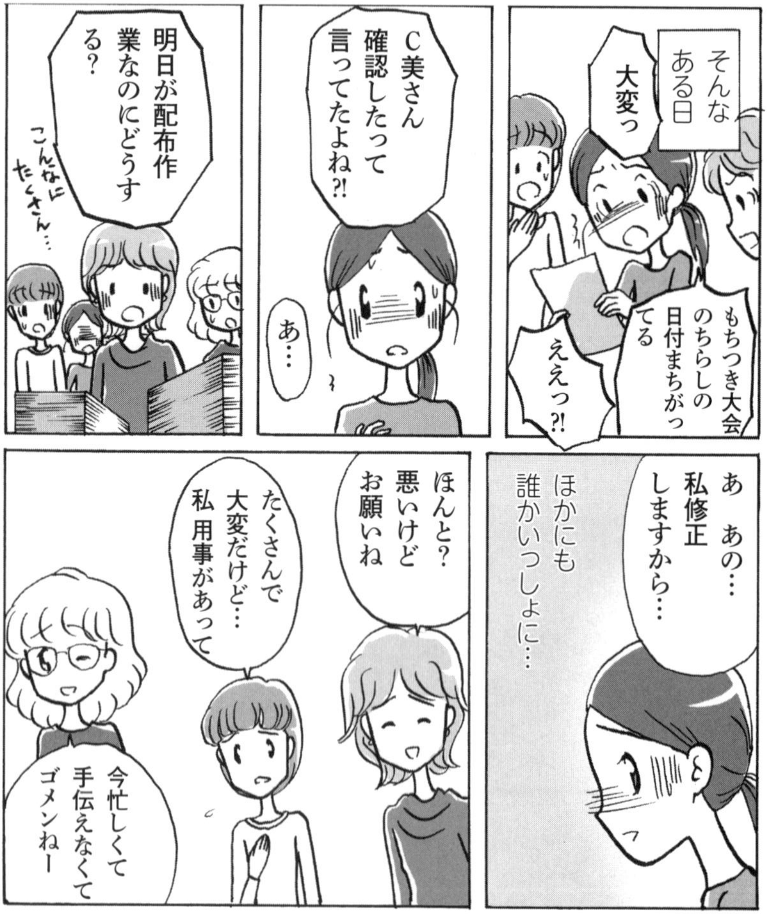

そんなある日
大変っ
もちつき大会のちらしの日付まちがってる
ええっ?!
C美さん確認したって言ってたよね?!
あ…
明日が配布作業なのにどうする?
こんなにたくさん…
あ あの…私修正しますから…
ほかにも誰かいっしょに…
ほんと?悪いけどお願いね
たくさんで大変だけど…私用事があって
今忙しくて手伝えなくてゴメンねー

お母さん
お腹へったー
ごめん
ちょっと
待って
パタン…
誰も助けて
くれなかった…
でも…
私も
助けてこなかったんだ…

Essay for C美

つながる

インターネットが発達して、世の中はとても便利になりました。外出しなくても買い物ができたり、必要な情報を集められたりします。そのためか、他者との関わりをめんどくさいと考えて、組織やコミュニティーとのつながりを敬遠する人も増えているようです。

確かに自己完結してしまえば物事を進めることは簡単です。人と関わらないほうが、傷ついて落ち込むことも、ややこしい人間関係のしがらみに気苦労を感じることも減り、心を乱さずにいられると感じるのかもしれません。

しかし、そのようなインターネット社会の中であっても、人々はＳＮＳなどを通じて他者とつながるためにコミュニケーションを試みています。うれしいことを分かち合い、つらい気持ちに共感してくれるつながりがあることで、活力を得たり励まされた経験のある人は多いはずです。

つながることを避けていれば、孤独感や孤立感を抱えることになります。人類は互いにつながり合うことで困難を克服し、必要なものを生み出し、厳しい環境変化に適応してきたという歴史もあります。人生の幸福度や心の健康度を高めるためにも「つながり」というのは大切なものなのです。

脳性麻痺という障害をもちながら小児科医として活躍し、現在は東京大学先端科学技術研究センターで障害と社会の関係を研究している熊谷晋一郎氏は、「自立とは、依存しなくなることではなく、依存先を増やしていくこと。これは障害の有無に関わらず、すべての人に通じる普遍的なこと」だと述べています。人間の自立は、他の動物と異なります。子馬は生後一時間もあれば自分の足で立って歩き回れるようになり、自分の身を自分で守れるようになります。シロクマは、およそ二年で親離れして自分で餌をとることができるようになります。しかし、人間の自立はとてもゆっくりで時間を要します。

また、自分の面倒を自分でみられるようになり、個性を育てることができても、現実に生きていくためには他者とつながり、社会とつながらなければなりません。熊谷氏の言う「依存先」とは、全部を頼りきってしまうということではなく、信頼できる関係を築き、遠慮なく手を借りたり差し伸べたりできる「つながり」を作ることを意味しているのではないかと思います。私たちが真の意味で自立するということは、「孤」ではなく「個」として強みを生かし、弱みを補完し合って互いに支え合う関係、つまり互恵的な相互依存の関係を築くことといえるのではないでしょうか。

聖書には「わたしにとどまりなさい。わたしもあなたがたの中にとどまります。枝がぶどうの木にとどまっていなければ、自分では実を結ぶことができないのと同じように、あなたがたもわたしにとどまっていなければ、実を結ぶことはできません」（ヨハネの福音書一五章四節）と書かれています。横のつながりは、他者や社会とつながり合うことです。縦のつながりは、この自然を創られた大いなる力とつながることです。人間にはどうにもできないことも、大いなる力とのつながりがあることで平安が得られ、共に生きる人たちとのつながりが整えられていくのでしょう。自分に与えられた命を使ってより良く生きるために、つながりを意識して過ごしたいものです。

Shiawase Points

◆今回のポイント◆

・自立とは、互恵的な相互依存の関係を築いていくこと。

・縦と横のつながりが豊かな実を結ばせる。

AFTER she met
the Shiaawase Recipi

STORY 3

C美

C美

STORY 3

AFTER she met the Shiawase Recipi

えっ?!
二人でやれば
もっと早く
できるよ
夕食は
すんだ?
今夜は
これで
すまそうかと…
そんな
ことだろう
と思ってね
おでん
持ってきたよ
うちの残りもんだけどね
じゃん!!

C美

STORY 3

AFTER she met the Shiawase Recipi

わたしにとどまりなさい。

わたしもあなたがたの中にとどまります。

枝がぶどうの木にとどまっていなければ、

自分では実を結ぶことができないのと同じように、

あなたがたもわたしにとどまっていなければ、

実を結ぶことはできません。

ヨハネの福音書 15:4

C美

STORY 4

BEFORE she met
the Shiawase Recipi

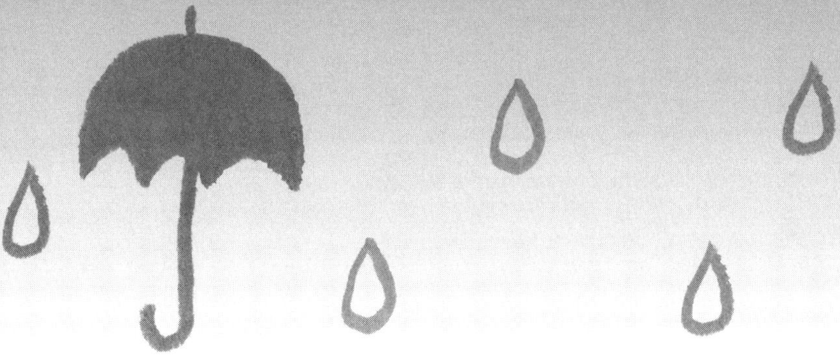

ただいまー
じゃん
お土産買ってきたぞー
わああ
ぼくの大好きなの!!
そんな高いの買ってきたの?!
特別な日でもないのに?!
二人で食べよっか
ちょっとーなんでそーなるのよー

C美
STORY 4
BEFORE she met the Shiawase Recipi

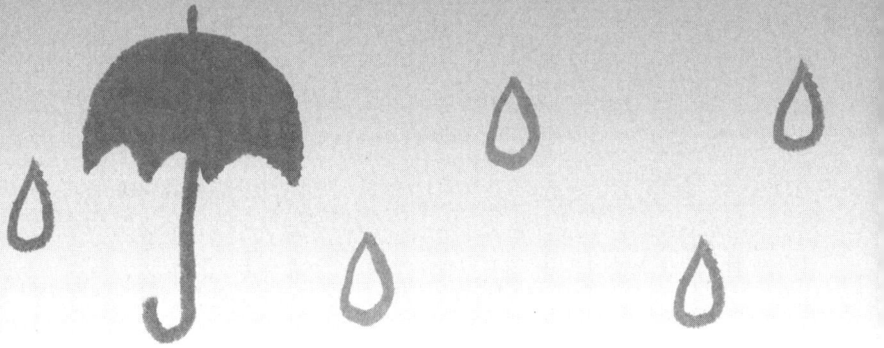

カタツムリ
雨が降って
喜んでるね
久しぶりの
雨だもんね
よかったねー
ニコニコ
私…

Essay for C美

喜び、楽しめ

あなたは自分自身や経験した出来事について語るとき、楽観的な（ポジティブな）表現と悲観的な（ネガティブな）表現のどちらを使うことが多いでしょうか？

日本では「謙遜の美徳」といわれる文化的な背景があるためか、自分を卑下したり必要以上にへりくだったりする表現を使うことが少なくありません。ぬか喜びをしたり期待はずれな結果になって落胆したくないために、ネガティブに考えておくというケースもたびたび耳にします。中には、否定的なことばが無意識に口から出てしまうと感じている人や、もともと後ろ向きな性格だから……とあきらめている方もいらっしゃるかもしれません。しかし、もしそのネガティブな表現を選びがちな癖が私たちの心だけでなく、健康や寿命にも関係しているとしたらどうでしょうか。

ケンタッキー大学のデボラ・D・ダナー教授たちは、ほぼ同じ環境で共同生活をしているノートルダム教育修道女会の修道女を対象に、ポジティブ感情の表現と長寿の関係を研究しました。研究素材となったのは、一九三〇年にシスターたちが書いた自伝的作文。そこには、幼少期のこと、通った学校のこと、宗教的な経験やシスターになる誓いを立てた理由、などの事柄が数百語の短い文章で表されました。

研究は、一九一七年以前に生まれていた修道女たちの百八十の作文を対象に、記述の中にあるポジティブ感情とネガティブ感情を表す文章を数えあげる、といった方法で行われました。そして、作文が書かれてからおよそ六十年後となる一九九〇年代にその修道女たちの生存率を調査したのです。すると、作文においてポジティブ感情の表現が多かった上位二五%のシスターのグループは、ポジティブ感情が少なかった下位二五%のグループの人たちよりも、平均十年長く生きていたことがわかりました。また、ポジティブ感情の表現量と長寿には顕著な関係性が見られたのに対して、不幸に関するネガティブ感情の表現量については無関係だったということが報告されていることもとても興味深い点です。

　私たちが過去の出来事や自分自身について語る際、楽観的な表現も悲観的な表現も、どちらも選ぶことができます。ことばは、周囲のみならず、自分自身がいちばん聞いているものです。この研究結果からすると、ネガティブな表現をやめることに意識を向けるよりも、ポジティブな感情をことばにする頻度を増やすことが、私たちの健康に良い影響をもたらしているようです。

　聖書には、「正しい者たち　主を喜び歌え。　賛美は　直ぐな人たちにふさわしい」（詩篇三三篇一節）、「私の兄弟たち、主にあって喜びなさい」（ピリピ人への手紙三章一節）、「いつでも、すべてのことについて、私たちの主イエス・キリストの名によって、父である神に感謝しなさい」（エペソ人への手紙五章二〇節）とあり、「喜び」、「感謝」、「楽しみ」などポジティブな感情を積極的に表現することが勧められています。嬉しい出来事が起こるかどうかは私たちが直接コントロールすることはできません。しかし、日々、自分が発している感情表現を意識することは、誰でもいつからでもできることです。私たち一人ひとりに与えられている人生をそれぞれがより良く生きていくための鍵は、このようなところにあるのではないでしょうか。

Shiawase Points

◆今回のポイント◆

・ポジティブなことばは、心身を健康にする。
・喜びや感謝を積極的に表現しよう!!

AFTER she met the Shiawase Recipi

STORY 4

C美

C美

STORY 4

AFTER she met the Shiawase Recipi

じゃあ あの木は どーう?
つるつるで むずかしそーよ
よいしょ
よいしょ
できたー!!
すごいっ
よく できたね!
エヘヘ
ピョン
ピョン
ズベ
ザ
わっ
?!
大丈夫っ?!
ハッ

C美

STORY 4

AFTER she met the Shiawase Recipi

正しい者たち 主を喜び歌え。
賛美は 直ぐな人たちにふさわしい。
詩篇 33:1

私の兄弟たち、主にあって喜びなさい。
ピリピ人への手紙 3:1

いつでも、すべてのことについて、私たちの主イエス・
キリストの名によって、父である神に感謝しなさい。
エペソ人への手紙 5:20

エピローグ

A子ちゃん こっちこっち
登山口
おはよう ございます
A子ちゃん いい お天気になって よかったね
C美さん おはよう ほんといい お天気ね
遅くなって ごめん なさい!!
あ! B奈ちゃん きたきた
あれから 三十年ほど がたった
A子、B奈、C美はいつしか 出会っていた

U野さんの息子さん K大に合格した らしいわ
うらやましい わねえ
それに 比べて
はーー
うちの 息子と きたら…
まあ でも…
くす
N井さん とこに 比べたら マシかもね
プー太郎 らしいから
そうねえ…
でも…
息子さんは 息子さんの人生 を生きるわよ
あなたは好きな 山登りして
あなたの人生を 生きたら いいじゃない
E山さん お忙し そうね
ええ…
民生委員や 自治会 ボランティア 活動もして 目がまわり そうよ…

でも…地域のためだし
精いっぱいやらなきゃ
E山さんは
いつも献身的に取り組まれるものね
でも…みんなE山さんの
ゆったりしたお人柄が大好きなのよ
……!
そのゆったりさを大切にしながら
いろんな活動ができたらいいですね
ゆったりさ…
最近せかせかしてしまってたわ
そうね
ありがとう…

いいお天気で
気持ちがいいですね
そうねえ
でも…もう少し曇ってるくらいが涼しくてよかったのにね
G井さんお漬物漬けられるんでしょ
すごくおいしいってききましたよ
ああバカの一つ覚えでね
それくらいしか取り柄がないのよ
あら
またビリだわ
みんななんであんなに速く
歩けるのかしら
いそがなきゃ
ゆっくり進んだら
その分このすばらしい景色を味わえますよ！
ほら!!

あら…
ほんと
この自然は全部神様が創ったんですって
しあわせレシピに書いてあったわ
きれい…

一歩一歩
登っていくのが
まるで人生
みたいよね
一歩登る
たびに
自分の弱さを
感じるけどねえ
膝にくるわぁ
ほんとにね…
私たち
完璧じゃないし
うまくいかない
ことも
あるけれど…
聖書《バイブル》の
ことばが
ガイドに
なって
いるしね
安心
うん
安心
もうすぐね
ハァ
ハァ
ハァ

自分の力で
生きていると
思っていた
でも
違った
わあ!!
私たちは――
そう
この素晴らしい
世界に
生かされている
おわり

Essay for All
ゆだねる

世の中には人生をより良く生きていくための知恵がたくさん存在しています。本著では、その中から心を整えるために役立つ方法やしあわせに関する科学的な情報をお伝えしてきました。しかしその一方で、どんなに考えても人間にはわからないことやどうしようもないこともあるものです。そんなときにはどうしたらいいのでしょうか？

私たちは、何か問題が起こると本質的な部分を見失って、目の前の症状を取り除くことに意識が奪われてしまうことが少なくありません。また、何かわからないことや不明確なことがあると、性急に正解を求めてしまう傾向ももっています。しかし、私たちが直面する問題の中には、どんなに解決を願ってもどうにもならないことや、そもそも正解というものが存在しないこともあるようです。このような状況に陥ったときにも自分自身を見失わずにいるためには、「ネガティブ・ケイパビリティ」と呼ばれる能力が必要とされます。

「ネガティブ・ケイパビリティ」とは、詩人のジョン・キーツが「不確実なものや未解決のものを受容する能力」として用いたことばです。まだ統一された訳語が定まっていないようですが、「負の能力」や「陰性の能力」などとも訳されています。

現代は科学が発達して、わからないことや知りたいことが即座に調べられるようになりました。それによって私たちの期待値は日々高まり、解決できないことや不確実なこと、理解できない不明瞭なことなどを受け入れることができず、逆に苦悩することが多くなっているように思います。

「ネガティブ・ケイパビリティ」は、このような苦悩に関してしなやかに向き合う重要な働きをします。その特徴は、

◎答えの出ない、対処しようのない事態に耐える力
◎先行きが不透明な事態や情況を甘受する力
◎急いで答えを出したり、証明しようとしたり、理由を求めたりしないで、不確実さ、
　不思議さ、疑いの中にいることができる力
◎論理で説明ができない〝もやもや〟した感じを無視せず受けとめる力

などが挙げられます。

私たちが抱える問題の背後には、時としてとても重要な意味が隠されていることがあります。こうしたことに価値を置いて受け入れるように努めることは、複雑な出来事に対する早合点を防いでくれます。「ネガティブ・ケイパビリティ」は、本質的なことに気づき、賢明な選択をするための土台と言えるでしょう。

聖書には「ですから、あなたがたは神の力強い御手《みて》の下にへりくだりなさい。神は、ち

ょうど良い時に、あなたがたを高く上げてくださいます。あなたがたの思い煩いを、いっさい神にゆだねなさい。神があなたがたのことを心配してくださるからです」（ペテロの手紙第一、五章六〜七節）と書かれています。

ネガティブ・ケイパビリティの本質は、人間の限界を受け入れ、謙虚になって、人知を超えた大いなる力に〝ゆだねる〟ことにあるのではないでしょうか。

人生を主体的に生きるために最善の努力をすることは大切なことです。しかし、どんなにがんばっても自分の力ではどうにもならないことがあるのも人生です。そのようなときに私たちには、〝ゆだねる〟という選択肢があることを覚えておきましょう。それは、無駄な力が抜けて見えなかったことが見え、感じられなかったことが感じられるようになり、物事をありのままに受け入れるしなやかな心が育つための大切な鍵となると思います。

Shiawase Points

◆今回のポイント◆

・限界を知ることは、知恵を得ること。
・謙虚になり、ゆだねることで初めてわかることがある。
・不確実なものや未解決のものを受容する能力を身につけて、しなやかに生きよう。

ですから、
あなたがたは神の力強い御手の下にへりくだりなさい。
神は、ちょうど良い時に、
あなたがたを高く上げてくださいます。
あなたがたの思い煩いを、
いっさい神にゆだねなさい。
神があなたがたのことを心配してくださるからです。
ペテロの手紙第１、5:6-7

【出典一覧】

「恵みを数えて」 Seligman, M. P., Steen, T. A., Park, N., & Peterson, C.,"Positive psychology progress. Empirical validation of interventions," *American Psychologist*, Vol. 60 (5), Jul-Aug, 2005, pp.410-421.

「弱さを感じるときには」 ブレネー・ブラウン著、本田健訳『「ネガティブな感情《こころ》」の魔法――「悩み」や「不安」を希望に変える10の方法』三笠書房、二〇一三年。

「怒るに遅く」 安藤俊介著『怒りに負ける人、怒りを生かす人』朝日新聞出版、二〇一六年。

「共に喜び共に泣く」 松山安雄編著『現代社会心理学要説』北王路書房、一九八二年。ソニア・リュボミアスキー著、渡辺誠監修、金井真弓訳『幸せがずっと続く12の行動習慣』日本実業出版社、二〇一二年。

「もっているものを」 クリストファー・ピーターソン著、宇野カオリ訳『ポジティブ心理学入門――「よい生き方」を科学的に考える方法』春秋社、二〇一二年。

「受けるよりも」 アダム・グラント著、楠木建監訳『GIVE & TAKE――「与える人」こそ成功する時代』三笠書房、二〇一四年。

「我慢ではなく」 ブログ――カウンセラーからのおすそわけ、「我慢と忍耐」二〇〇七年。 https://ameblo.jp/shin-ei-cc/entry-10333297276.html

「支えられた人の歩み」 J・D・クランボルツ、A・S・レヴィン著、花田光世、大木紀子、宮地夕紀子訳『その幸運は偶然ではないんです!』ダイヤモンド社、二〇〇五年。

「いまを大切に生きる」 ジョン・カバットジン著、春木豊訳『マインドフルネスストレス低減法』北大路書房、二〇〇七年。

「休息を意識する」　白川修一郎著『ビジネスパーソンのための快眠読本』ウェッジ、二〇一六年。

「つながる」　熊谷晋一郎インタビュー、「TOKYO人権」第56号。https://www.tokyo-jinken.or.jp/publication/tj_56_interview.html

「喜び、楽しめ」　Deborah D. Danner, David A. Snowdon & Wallace V. Friesen, "Positive Emotions in Early Life and Longevity : Findings from the Nun Study," *Journal of Personality and Social Psychology*, Vol. 80, No. 5, 2001, pp.804-813.

「ゆだねる」　帚木蓬生著『ネガティブ・ケイパビリティ――答えの出ない事態に耐える力』朝日新聞出版、二〇一七年。

おわりに

二〇一六年一月から十二月まで、月刊誌「百万人の福音」にエッセイを連載させていただきました。私個人としてはすでに二冊の著書を上梓していましたが、一クリスチャンとしては「百万人の福音」に連載をもつなど思ってもみないことでした。とても背筋の伸びるお声がけに正直戸惑いましたが、ここはネイティブなクリスチャン（クリスチャンの家庭育ちという意味です）である夫の力を借りて夫婦での連載でということでお引き受けしました。実際は、特に役割を分けることなく、毎月どちらかが書いた内容に相手が手を入れ、またさらに片方が修正し、最終的に聖書のことばに符合していくという作業でした。二人がこれまで学んできた心理学の知恵を、あらためて聖書の器に並べて共に考えるという素晴らしい機会を与えていただきました。

今回の本は、その一年間のエッセイに少し手を加える形でまとめています。私たちの文章をより多くの方に味わっていただくために、連載でもすてきな挿絵を描いてくださっていたのだますみさんの力をお借りして、マンガ部分を創作いただき、またそれに合わせて文章も加筆修正するというチームでの作業となりました。それぞれのエッセイの意図をくみ取って、親しみやすい登場人物とストーリーを生み出してくださったのだますみさんに深く感謝いたします。

そして、これまで聖書を手に取ったことのない人たち、教会の存在を遠く感じている人たちにこそ、この本を読んでいただきたいという思いのうちに、いっしょにお仕事をさせていただいた編集の宮田真実子さんにも心からお礼を申し上げます。

人生という旅路の中で、私たちの心は常に穏やかに整っているわけではありません。時に沈んだり、時に浮き足立ったりすることがあって当然です。そんなときにこの本が、皆様のこころを整えるヒントになり、手にしていただいたお一人おひとりのしあわせを増やすレシピとしてお役に立てたら、とてもうれしく思います。

二〇一七年十一月

渡邉　奈都子

【著者ブログ】

渡邊義「カウンセラーからのおすそわけ」
https://ameblo.jp/shin-ei-cc/

渡邊奈都子「心の整え方をサポートするメンタルオーガナイズ」
https://smartbeing-n.blogspot.jp/

こころを整えるしあわせレシピ
バイブル×心理学

2018年1月15日発行
2018年5月 1 日再刷

著者／渡邊 義
　　　渡邊 奈都子
漫画／のだ ますみ

装丁／のだ ますみ

発行 いのちのことば社フォレストブックス
〒164-0001 東京都中野区中野2-1- 5
編集 Tel.03-5341-6922
営業 Tel.03-5341-6920
　　 Fax.03-5341-6921

印刷・製本 シナノ印刷株式会社

Printed in Japan

ISBN978-4-264-03395-0